子どもを変える禅道場

ニート・不登校児のために

喝破道場「若者自立塾」塾長
曹洞宗報四恩精舎住職
野田大燈

大法輪閣

喝破五訓《かっぱごくん》

一、よろこんで与える人間となろう
一、いのちを大切にする人間となろう
一、心静かに考える人間となろう
一、使命に生きる人間となろう
一、規律ある幸せよろこぶ人間となろう

《喝破道場「若者自立塾」の生活》

喝破道場とは・「若者自立塾」とは…

喝破道場は、本書著者・野田大燈が主宰する曹洞宗の禅道場（正式な寺院名称は「報四恩精舎」）。香川県高松市近郊の自然豊かな五色台にあり、禅の修行と共に農作業等も活発に行い、自給自足による「禅的共同生活」を標榜、実践している。
昭和53年の道場の完成の際、非行少年や登校拒否児童の受け入れを開始し、周囲の支援を得て、同59年に財団法人化する。

「若者自立塾」は、財団法人喝破道場が運営する若者自立支援センター。相当期間、就学または就労できずにいる若者に対し、合宿形式による集団生活の中で、生活訓練や労働体験等を通じて、社会人として必要な自信、意欲、基本的能力を身につけさせて就学・就労へと導くことを目的とする、厚生労働省の委託実施事業である。

▲坐禅（暁天坐禅）。姿勢を整えて、深くゆっくりと呼吸することで、自然と自分の呼吸を会得する。

5：00	起床
6：00	読経
7：00	朝食
8：00	清掃
8：30	体操と滝下り
9：00	輪読と喫茶
9：30	作務（農作業ほか）
12：00	昼食
13：30	作務（農作業ほか）
15：00	おやつ
17：00	作務終了
17：30	夕食
19：15	坐禅と武道（スポーツチャンバラ）
20：00	入浴
22：00	就寝

◀喝破道場「若者自立塾」の一日（平日）のスケジュール
（※土曜午後と日曜全日は休息日）

▲朝食。玄米のおかゆ、ごま塩、たくあん、梅干し、煮干し、野菜の煮物からなる。

▲作務（農作業）。自給自足のための種まきや除草、収穫等を通じて、「いのち」の尊さを学ぶ。

▲武道（スポーツチャンバラ）。瞬時に物事に対応できる判断力が養われ、かつ素早い動作が身につく。

▶五色台にある喝破道場の全景。

◀滝下り。滝に着くと全員で般若心経を唱える。滝には不動明王が祀られている。

▶ハーブ摘みの光景。

はじめに・喝破道場とは

人は強い意志のみに依《よ》ってすべてが成就するとは、私にはとても思えません。むしろ、自分の個人的な意志よりももっと大きな力によって動かされているように思えるのです。

出家する前年の暮れ、以前から師と仰ぐ栗田大俊老師《くりただいしゅんろうし》と出家得度の日時まで約束しておきながら、すっかり忘れ去っていて後で告げられて真っ青になる始末。その約束が酒席でなされたことだったために、私は酔っ払ってしまっていてまったく覚えていなかったのです。

昭和四十九年四月八日。私は家族の反対を押し切って、まるで勘当《かんどう》状態で師の寺で得度式を受け、そののち愛媛県新居浜市にある曹洞宗瑞應寺《ずいおうじ》専門僧堂に入門掛塔《けとう》したのでした。

その修行生活の中で「四恩《しおん》」（父母の恩・社会の恩・故郷の恩・大自然の恩）という言葉を知りました。そして禅僧としてその四つの恩に報いる生き方を、さらに報恩できる人材育成の為の道場を作ろう、と決心してお寺の名称を「報四恩精舎《ほうしおんしょうじゃ》」と決めました。

帰るべき寺のない私は、亡父が遺《のこ》してくれていた五色台《ごしきだい》の山林に道場を建てることにしました。そして父が遺言のように言い残した言葉を思い出したのです。

「父はこの土地を残す。お前はこの土地の上に建物を建てるだろう。しかしそれで完成したのではない。お前の子どもがその建物や土地に魂を吹き込んで初めてこの霊地が素晴らしい働きをするのだ」

と。

父に反抗的だった当時の私には戯言《ざれごと》としか聞けませんでしたが、戦前の中国という異国の地で生まれ育った亡父が遠く離れた四国の海抜四百メートルの地に開拓者として入植し、病に倒れつつも土地を残した。そして私は禅僧として再びこの地に還《かえ》って道場創りをし、次なる代にバトンタッチしようとしています。

この経緯は私一人の計《はか》らいでもなく、亡父のみの計らいでもないように思えてならないのです。そう、何か大きな力によって動かされているとしか思い当たらないのです。

還るべき土地に還っては来たものの、身を横たえるべき住居がありませんでした。山腹に横穴を掘ってみたり、土管の中に住まうことも考えてみました。窮《きゅう》すれば通ず、と言いますが、たまたま托鉢《たくはつ》で通りかかった醤油醸造《しょうゆじょうぞう》工場の横に大きな醤油樽《だる》が放置してありました。それを見た瞬間「これは住める！」と直感したのです。二年間その醤油樽を住居としました。

その後にバス会社の社長さんのご厚意で中古の大型バスをいただき、坐禅堂兼本堂として使用しました。

噂を聞きつけて、次第に参禅者や登校拒否児が集まって来て収容しきれなくなり、必要に応じて坐禅堂や食堂・浴場などが整備されてきました。

特に昭和五十年代前半は、登校拒否児やいわゆる非行青少年が社会問題となっていた時期です。それらの青少年をお預かりして、登校拒否児は学校に、非行青少年は就業《しゅうぎょう》に結びつけていました。その受け入れ施設として、行政の指導により、青少年錬成《れんせい》施設「喝破道場《かっぱどうじょう》」が財団法人として設立されました。

私にそれらの青少年を指導する特別な特技やプログラムがあるわけではありません。自分が禅の専門僧堂で修行を通して教わった通りのことを実行しているに過ぎません。しかし振り返ってみますと、仏教にはその始祖でありますお釈迦さまから二千五百年の間に磨《みが》き抜かれた人づくりの指導法とプログラムがあったのです。このプログラムを使って効果がないわけがありません。

やがて時代の要請によりまして、社会福祉法人を設立して医療と生活指導・教育を一体とした情緒障害児短期治療施設「若竹学園」を開園することとなりました。

この公的な日本で最も先端を行く施設が完成することで、私の仕事は終えた、と安堵《あんど》しましたが、不登校の延長で家から社会に出られない青少年が取り残されていました。これらの青少年たちを公的施設に入所させられないものかと行政に掛け合いましたが、入所対象にならないのです。

ならば民間の力でやらざるを得ない、と喝破道場での受け入れを始めました。

その後、彼らのことを世間では「引きこもり」と言うようになりました。

五色台山中で青少年たちとの自給自足的生活が楽しくなりだして二十五年が過ぎようとしていた頃、時の曹洞宗管長板橋興宗禅師猊下《いたばしこうしゅうぜんじげいか》より、大燈はまだ修行が足りぬから本山に上山するように、との厳命が下りました。厳命辞退し難くお受けし、大本山總持寺《そうじじ》において五年間の再修行をさせていただきました。

振り返りますとこの五年間は、喝破道場の次へのステップにとって必要不可欠な時節でした。若き修行僧と寺院の将来を考えると、説法の対極にあるカウンセリングの必要性を感じて「禅カウンセリング」を本山での修行の一環として取り入れました。

本山に来て少し後に、県立の児童養護施設「亀山学園」の経営を県より移譲され、児童施設が二つになりました。本山にいる私の寮に多種多様な方々が訪れて社会の有り様を教えて下さり、徐々に将来の道場の在るべき姿が鮮明となってきました。

それは、若者と高齢者が共に生活し、ニートと言われ引きこもりと言われた青壮年《せいそうねん》が高齢者の看取《みと》りをする「ペアハウス」構想でした。そのための拠点となる旧川崎重工の保養所が与えられ、さらに厚生労働省の委託事業「若者自立塾」の認定も頂きました。

冒頭に申し上げました通り、私一人には微力ですが、何か大きな力が宗教界が為《な》さねばならない指標のモデルを実践させられている気がしてなりません。

今後も仏教を心の依《よ》り拠《どころ》とした老いも若きも共に働き助け合い、自給自足生活ができる雑居家族的理想郷の実現に向けて努力いたしますので、多くの方の物心両面のご支援とお仲間入りをお願い申し上げる次第でございます。

平成二十年三月十日

野田大燈　記

子どもを変える禅道場

——ニート・不登校児のために

目次

●カバー・表紙・扉・本文中「河童」画……和田邦坊
●装丁……清水 良洋（マルプデザイン）

第一章
喝破道場はこんなところ

この章では、喝破道場がどのようにして生まれたか、その経緯を私の半生の履歴とともに述べ、また現在の喝破道場の活動について、その概略などを述べさせていただきたいと思います。

喝破道場はこうして生まれた
——わが履歴とともに語る

●私の父の思い出

四国と言えば八十八ヶ所巡拝《じゅんぱい》、八十八霊場といえば弘法大師《こうぼうだいし》、となりますが、その弘法大師空海《くうかい》が亡くなられた（入定《にゅうじょう》された）のが三月の二十一日です。偶然ではありますが、私の生まれましたのが、戦後動乱期の昭和二十一年（一九四六年）三月二十一日でした。ですから、まだまだ人生の折り返し地点に来たような年齢です。

私の父は憲兵《けんぺい》でした。その後、なんらかの事情から野田特務機関というものを作ったというような人間でございますが、終戦の情報を入手するや、身重《みおも》の母を連れて満州《まんしゅう》から引き揚《あ》げてきたそうです。母のお腹には私がいました。

その後は、政府が引揚者《ひきあげしゃ》救済政策として設けた開拓地に入植《にゅうしょく》して生活しておりました。父は私にとって恐い存在の人だったのですけれども、その反対にとても尊敬をしておりました。

私が小学校の三年生だったでしょうか、雪の降る朝でございまして、もう十センチほど積もっていました。雪が降っていましたので、今日は学校へ行かなくてもよいのではないか、そう自分で決めまして、母に言いました。

「雪が降っているから、登校途中にもし事故でもあったらいけないので、今日は学校を休んでもいい？」

すると母は優しくて単純だから「そうネ、危ないから休んでもいいよ」と言いました。

でも、父は頑《がん》として許してくれない。不貞腐《ふてくさ》れてモタモタしていると、私はカバンごと放り出され、「やっぱりダメだったか……」と、六キロの雪道を、躓《つまず》きながらも登校したことがあります。

それから二十年ほど経って父の法事の折《おり》（父は昭和四十九年に亡くなりました）に、「父は厳しかったネ」と集まった妹弟たちと昔話に花を咲かせておりますと、母が、

「あのときはネ、お父さんはお前が学校に着くまで見え隠れについていったのよ……」

ということを聞かされました。これが私の父だったのです。そんな父に私は育てられたのです。

家にある本はほとんどが宗教書ばかりでございまして、他に本がございませんから、何だか特別な世界をかいま見るような気持ちで、父の宗教書を読んだ記憶がございます。

父は私が中学校の一年生のときに、いわゆる脳軟化症《のうなんかしょう》で倒れました。その関係で、私は父に代わって農業の手伝いをし、朝の五時頃から十三、四キロ離れた市場まで、自転車で野菜の出荷をして登校しておりました。

その後、定時制高校に通いましたけれども、そのもろもろのことが現在の自分を作ってくれたのだな、ということを味わっております。

セールスマン生活を経て出家、禅僧となる

紆余曲折《うよきょくせつ》を経まして、私は医療機器会社に入社してセールスマンになり、そのかたわら指圧《しあつ》針灸《しんきゅう》専門学校に通い、二年後指圧師の国家試験に合格。それとともに独立して「ホーシオン家庭用医療機器販売」を設立し、一年後には針灸師の資格も得ました。その専門学校の生理学の授業でのヒントから、ちょっとした特許《とっきょ》を取りました。「座位式首腰牽引機《ざいしきしゅようけんいんき》」という健康機具です。

健康指向の時代的ニーズに適《かな》っていたのか、多くの方が応援して下さることとなり、これで自分の求めていた経済の確立・社会的名声の確保・そして幸せな結婚などなど……が得られる。やっ

と今までの苦労が報《むく》いられるんだ、バンザイ、バンザイ……。

しかし、なんだか妙なのです。小躍《こおど》りして喜んでよいはずなのに、なぜか心の一角に「すきま風」が吹いているのです。もう一人の自分が、

「お前の人生、それで本当に満足か?」

と囁《ささや》くのです。

たまたま以前より心の師と仰《あお》いでおりました栗田大俊《くりただいしゅん》老師(曹洞宗《そうとうしゅう》)が、永平寺《えいへいじ》からの帰途《きと》に、私の家に立ち寄ってくださいました。そこで私は自分の苦しみを打ち明けまして、どう生きればよいか教えを乞《こ》いました。それが縁で、昭和四十九年(一九七四年)四月に、駒澤《こまざわ》大学理事長をされた栗田老師の手によって、出家をした次第です。

四つの恩に報いるために——「報四恩精舎」の建立

出家し、僧侶としての修行をして、思いましたことは、

「人間、生涯修行だ」

ということです。これからの私の人生は、今まで私を育てて下さった方々に恩返しをしていこう、それがとりもなおさず自分自身の修行だ。それは父母の恩であり、社会の恩、国土の恩、そして

醤油樽を逆さにして作った庵

大自然の恩、そういう恩に少しでも報いていこう……という願いと決意から、「報四恩精舎《ほうしおんしょうじゃ》」というお寺を創ろうとしたわけでございます。

——と申しましても、建物があるわけでもございません。醤油樽《しょうゆだる》を一個もらってきまして、それを伏《ふ》せて入口をくりぬいたそれだけのもの。そこから、道場の出発が始まったわけでございます。私を本当に目覚めさせてくれたのは、樽小屋の庵《いおり》を結んで生活を始めた一年後のことでした。

小児麻痺《しょうにまひ》の子どもさんが、たまたまバイクに乗って道に迷ったのでしょう、やって来ました。彼は小児麻痺なので、体が充分に動かないのです。その体が充分でない彼との毎日の生活が始まりました。彼は毎日通ってきて私と一緒に農作業をしますが、物を一つ取るにしても私のほうが早いし、重いものは持ち上げられない。でも、彼がやらないと彼の身につかない。私は、「待つこと」を彼から教わりました。

やがて彼は養護学校時代の友だちを一人、二人と連れてくるようになり、皆が集《つど》える樽小屋をもう一つ作ろうということが、結局は道場作りになっていったのです。

最初は樽小屋を作るための募金活動として、街頭でその小児麻痺の子どもに手伝ってもらいながらビラ配りなどをしましたけれど、うまくいかない。そこで私は十字街頭で坐禅をして、その資金を集めることにしました。

最初は気恥ずかしいこともあり、目立たぬように坐禅をしておりましたが、それがだんだんと人の目にはいり出したのでしょう、注目を浴びるようになり、それにつれて協力者が出てきたのです。

まあ、実際に三時間ほど、じっと坐りずくめでございます。一週間に一度の割合いで一年ほど行いましたが、これが今の自分を作ってくれたと思っております。

しかし、そういう生活ですので、食べるものも充分ではございません。疲労と栄養失調で倒れてしまい、それこそ死にぞこなったことがございます。

三日ほど意識不明でした。死ぬかと思ったけれど、三日後に目が覚めて、樽小屋で身を横たえている私の耳にチッチチッチチというあの小鳥のさえずりを聴いたときには、

「あっ！　生きていた」

という気持ちがして、涙がほろほろと落ちたことを、いまだに覚えております。

●師匠の手紙で奮起、そして「自覚めの集い」を始める

いろんなことがございました。多くの方に助けていただいて、今度は立派な坐禅堂《ざぜんどう》を建てようということで着工《ちゃっこう》になったのですが、工事半ばにして、募金状態の不進展から中断。自分自身に

思い上がりがあったのです。

「オレは世のため、人のためにやっているんだ。だから、みんながオレに協力をして当たり前なんだ」

そういう思いが、表情や言葉に表われていたのでしょう。協力してくれていた人が一人去り、二人去りして、とうとう残ったのは借金だけになりました。

借金をめぐって、いろいろなトラブルがございました。

「私は世の中のためにやっているのに、どうしてこんな目にあうのだろう」

と、世を呪い人を恨みました。そしていよいよ追い詰められて、どの松で首を吊《つ》ろうか、とそこまで考えました。

私は、そのときの追い詰められた状況を、師匠にはまったく報告していませんでした。それは多忙な師匠に、それも五百万円もの借金のことはどうしても言えず、いつも報告は「すべてが皆さんのご奉仕《ほうし》で順調に進んでいます」でした。

けれども、本当に師匠はありがたいなぁと思ったのは、私の嘘《うそ》の報告をちゃんと見抜いていながら、ジッと見ておられたということです。

ある日、師匠から手紙がまいりました。それこそ今日死のうか明日死のうかという矢先でございましたけれど、その手紙に墨黒々《すみくろぐろ》と、次のような言葉が書いてありました。

「己《おのれ》こそ己の依《よ》るべ、己を措《お》きて誰に依るべぞ、よく整《ととの》えし己こそ、まこと得がたき己なりけり」

ご承知の『法句経《ほっくきょう》』の一節でございます。結局は多くの人に甘えて、頼って、自分は一体何だったのか。師匠は、お前がしっかりしないといかんぞ、ということを『法句経』の一節を借りて諭《さと》して下さったのですね。

ああ、自分は間違っておった。これからは大きいことではなく、自分のできることから社会のためにしていこう、と心に決めて始めたのが、「自覚《めざ》めの集い」です。

大晦日《おおみそか》の夜十一時半からキャンプファイアーを組んで、その周囲にゴザを敷《し》いて円陣《えんじん》を作り、坐禅を組んでお正月を迎える。去る年を反省し、来る年を「よし、やるぞ」と迎える——そういう催《もよお》しをいたしました。そして、来られた方に、芋粥《いもがゆ》の接待《せったい》をさせていただきました。

これが私の、ある意味での本当の第一歩だったのでは……と思います。そういう再出発から多くの方のご協力を得られるようになったのですね。それから不思議と順調に行くようになった気がします。

なお、この「自覚めの集い」は、現在でも続けられており、平成十九年（二〇〇七）の大晦日で第二十九回となりました。

●禅道場が完成し、子どもの受け入れを始める

そして昭和五十三年（一九七八）、念願の禅道場が、ついに完成したのでした。

この禅道場が完成して、ほぼ同時に、不登校や非行と言われる子どもたちや、今で言うニートや引きこもりと言われる若者たちを受け入れる活動を始めました。

そして、その活動が、多くの方たちの支持を得て、財団法人「喝破道場《かっぱどうじょう》」の正式な発足《ほっそく》というかたちとなったのです。

この活動については、次項でより詳しく申し上げます。

子どもたちを「光の子」にしたい

●子どもたちや若者たちを、道場に受け入れる活動を始める

前項で述べました通り、師匠の手紙によって奮起《ふんき》した私は、「自覚《めざ》めの集い」を催《もよお》すことによって再出発を果たし、それから多くの方たちのご協力を得て、昭和五十三年（一九七八）に念願の禅道場を完成させることができました。

この頃から、登校拒否児や非行と言われている子どもたち、また今で言うニートや引きこもりと言われる若者たちを、道場で受け入れ、禅の精神にもとづいて社会的に自立することを教えるという活動を、本格的に始めました。

この活動も多くの方たちのご協力を得て、昭和五十九年（一九八四）には、財団法人「喝破道場《かっぱどうじょう》」が正式に発足《ほっそく》し、子どもたちや若者たちの受け入れの活動を、ますます発展させたのです。

そして平成十八年（二〇〇六）、この、ニートや引きこもりの若者たちを受け入れる喝破道場の活動は、厚生労働省の正式な委託実施事業「若者自立塾《わかものじりつじゅく》」となり、現在に至っています。

私は、その若者自立塾の塾長を務めさせていただいております。

登校拒否・非行の子どもたちに、「絶対に助けてやる」

そのようなことで、私は昭和五十三年の道場建立《こんりゅう》以来、現在に至るまで、登校拒否児や非行と言われている子どもたち、あるいはニート・引きこもりと言われている若者たちと、いつも生活を一緒にしていますが、彼らはとてもデリケートなのです。他の人が感じない部分で、ビリビリ感じるのです。その痛み、苦しみ、悲しみ、そういうものを何かにぶつけようとしているのではないでしょうか。

私は彼らのデリケートな部分を、マイナスではなくプラスにすることによって、彼らは社会の牽引力《けんいんりょく》になれる、と固く信じています。そんなことで子どもたちに言うのですけど、人間というのは、犬や猫とはちがう。なぜならば、自分のことは犬や猫でもできる。人間は、他者のために何かをすることができる。それが動物と人間の違いなんだ……と。

道場には、特別に子どもたち・若者たちを立ち直らせる秘訣《ひけつ》というものはありません。ただ同じことを一緒にする。禅寺《ぜんでら》の生活というものは共同生活ですので、同じ釜《かま》の飯《めし》を食って、風呂に入って、そして寝る。その中で子どもたちが変わってゆくんですね。

現在、喝破道場《かっぱどうじょう》には、私の弟子を含めて僧侶は四名、他の職員が三名おりまして、総数七名が子ども・若者約二十六人を見ておりますが、それこそ「同事行《どうじぎょう》」（他人の身になって物事を考え、尊重し、協力しあう仏教の修行）の生活をしております。

その中で、一つ子どもたちや若者たちに約束をするのですが、私は、

「絶対に助けてやる」

と断言するんです。どんな問題があっても、どんな辛いことがあっても、助けてやる。これが子どもたちや若者たちにとってショックのようですね。本当に、今まで自分のことで、ここまで言い切ってくれた人があっただろうか？　今までに本当の信頼関係がなかっただけに、その言葉によって、子どもたちの目の輝きが変わってきます。

道場の生活は、朝起きるのが五時ですから、厳しゅうございます。厳しい生活ですから、ついつい怠《なま》けようとするわけですが、規律違反をする者は、絶対に許しません。規律は絶対に守る。

私も、規律を破ることがあったら、率直に謝ります。

私が、女子寮のことで大変な勘違いをしたことがありました。それで私は女子寮に行って、みんなの前で土下座《どげざ》をしました。そのことがまた、これまで以上に女の子たちとの絆《きずな》を深くすることができました。

そんなことで、規律は守る。規律がなければ生活ができないということを、少しでも理解してもらえるようにしています。

●入山時に行う「内観断食」は、子どもを変える

喝破道場では、入山《にゅうざん》時に必ず、三日間の「内観断食《ないかんだんじき》」ということをします。昔は、道場内で何か規律違反をしたときの罰《ばつ》として内観（雑事を断《た》って自己を内省し、「さまざまな恩によって生かされている」ということを認識する修行）をさせていた傾向がございましたけれど、内観というものは道場に入山した一等最初にするものだと感じまして、現在は道場に来る子どもたちには、すべて三日間の内観断食をしてもらいます。

喝破道場の内観は、浄土真宗のものと違いまして、断食が伴うのです。誰しも食後は腹がふくれて眠くなる。その眠りを防止して内観に集中できるようにということと、それから子どもたち

の食生活が乱れていますので、断食をして体調を整えるということで始めました。もちろん白湯《さゆ》は入れますけれど、その中にカルシウム、ビタミンなどを入れて飲ませるようにしております。

内観を通して子どもたちが変わるのを実感できるのは、まず来たときには、十人が十人とも「親の世話にはなっていない」あるいは「誰の世話にもなっていない」と言うのです。しかし内観をすることによって、自分の幼い頃に母がしてくれたこと、その母に自分がしたこと、そして心配や迷惑をかけたことなどが思い出され、それがどれほど大きかったかを知るのです。すると子どもたちは、ここでがんばろうという気持ちになるようです。

子どもは環境によって、どのようにでも変わる

最近はいませんけれど、昔はよく逃げ出す子どもがいました。その場合、必ず親御《おやご》さんにお願いして、子どもを再度連れてきていただくようにしていました。

逃げてそのままにしておくと、逃げさえすればそれで「逃げ得《どく》」と考えるようになる——それでは今後も辛いこと、苦しいことがあれば逃げ出すでしょう。逃げても逃げきれない世界がある。責任は、必ずとらねばならない。そういうことを、教えていかなければならないと思うのです。

喝破道場は、厳しいところです。五時起床で、四十五～五十分間坐禅をして、そして六時から

朝の読経《どきょう》が約一時間です。それが終わってから、ようやく食事となります。

食事は板の間に敷かれたジュウタンに正坐で、朝は玄米のお粥《かゆ》におかずでございますから、まったく専門僧堂と変わりありません。ですが、子どもたちは、ちゃんとやれます。われわれは「やれない」と決めてかかっている。でも、そうじゃない。子どもは環境によってどんなにでも変わるということを、私はこの道場の生活から確信を得ています。

喝破道場での生活は、楽しいこともやる

しかし、厳しいことだけでは体がもちませんので、楽しいこともやっております。どういうことかと申しますと、まず毎月二十九日は語呂《ごろ》あわせで「ニクの日」としまして、普段はあまり肉を食べない道場も、この日はお腹がパンクするほど焼き肉にして食べさせるのです。そうしますと、だいたい一ヶ月は肉が食べたいとは申しません。

また、十五日は「ギョウザの日」。この日は道場の鎮守《ちんじゅ》さまの小祭日であり、私の父の命日でもあります。私の父は中国（旧満州国）で生まれ育ちましたのでギョウザが大好物でした。ですから一つには、父の供養のためもあり、この日の午後三時から作業をすべて中止し、山内全員で水ギョウザを作るのです。

皮を作ってニラ、ニンニク、肉など、およそお寺では持ち込み禁止の物ばかり入れて、それを大きな釜で茹《ゆ》でてみんなでたらふく食べる。これをみんなは楽しみにしています。

それからディスコとか、カラオケもします。ビリヤードも少し高かったのですが、無理をして買いました。そして誕生パーティー。一ヶ月に一度、いろんな機会をみて、ストレスを発散する時間と場所を作っております。

人間は、誰でもそうでしょう――厳しいだけじゃダメなんですね。かと言って楽しいことだけでもダメになってしまいます。楽しさと厳しさ。その中で子どもたちはいきいきと生活しております。

子どもたちを見ていてつくづく思いますことは、

パーティーの様子

登校拒否、非行の大きな原因は、学校の勉強にあるのではないかということです。子どもたちを見ていますと、多くが小学校四年生くらいの分数から躓《つまず》いています。勉強がわからないのです。だから学校へ行きたくない。イヤ行きたくないんじゃない。みんな学校へ行きたいと思っているのです。けれども行けないのです。

そういうことで道場では、二日に一度、午前中に三時間ほど勉強の時間を設けて、勉強を見ております。そして夜は毎日子どもたちに公文《くもん》教室で勉強させております。

この勉強と規律ある生活、そして坐禅とか農作業などというものを通して、忍耐力や集中力を養うような生活をさせるようにしています。

しかしながら私自身もまだまだ修行未熟の人間でございますので、子どもの模範にはなれません。私は狡《ずる》い人間ですので、子どもたちに言うのです。

「この道場で一番偉いのは、勘違いするなよ、和尚さんではないぞ。御本尊《ごほんぞん》さまなんだぞ。私もお前たちも、向かっている方向が御本尊さまなんだ」

そう言って自分を誤魔化《ごまか》しています。そういう絶対のものを持ってこなければいけない、と思っております。

●変わっていった子どもたち

子どもさんを預かりましてもう三十年になりますが、成功した例、また失敗した例、いまだにそのことを思い出すと、断腸《だんちょう》の思いで胃がキュッと痛くなるケースもございます。

成功した例では、その子が中学校二年のときに預かった女の子なんですが、この子は最初はいじめられっ子だったけどそれが原因で不登校となり、やがて非行化していわゆる番長グループに属すようになり、中学校二年の二月に、対抗する相手の女の子一人を河原《かわら》に引っ張ってきて素《す》っ裸《ぱだか》にし、殴《なぐ》る蹴《け》るの暴行を与え、草を食べさせてライターで髪を焼き、そして二月の冷たい川を泳がせた、というグループにいた女の子です。

もちろん道場に来てからもいろいろな問題を起こしました。しかし問題を起こすたびに子どもたちは変わっていくんですね。

彼女はその後、ちゃんと高校に入りました。私のところに来なければ、もちろん中学校にもろくに行ってませんでしたから卒業も危《あや》ぶまれていたのですが、道場に来て、中学校を卒業して高校に入り、そして高校に入った彼女はこう言いました。「大学へ行きたい」と。大学に入ってどうするかと聞きますと、カウンセラーになりたい、と言うんです。

話を聞いておりますと、いろんな問題を起こして、幾度か児童相談所に連れて行かれてたんですね。そのときに、児童相談所のカウンセラーの先生に「どうしたの。ああそう、辛かったわね、苦しかったわね……」と、ちゃんと話を聞いてもらえた。そのときの思い出が、彼女の頭にあったんですね。

「自分もあんな先生になれるなら、自分の経験を活かして相手の話を聞いてあげることができる……」

と。私は、彼女が普通の女の子では体験できないような過去を持っているからこそ、誰よりもすばらしいカウンセラーになれるのではないかと思いました。

失敗をして学ぶ

失敗をした例では、こういう例があります。お預かりしたその子どもは、長い登校拒否の後に中学を卒業したものの、家の中に籠《こ》もったままで外に出ようとしない。このままではまったく動くことのできない人間になってしまうと、以前からかかわりのあった育成センターの先生方と両親が本人を伴《ともな》って来山されました。

面談中も本人の挙動や表情が不自然なので知能指数はどのくらいか、と質問しますと、両親は、

「普通です。ただやる気がないためこのようになったので、しっかり鍛《きた》えてほしい」

と言うのです。

あとで判ったのですが、彼のＩＱは七十三しかなかったのです。けれども親御さんは「普通です」とおっしゃるのです。だから普通に対応したんですが、当然うまくいきません。うまくいかないのは本人にヤル気がないからだ、ということで叱咤激励《しったげきれい》する。しかし、それが結局彼をつぶしてしまっていたのです。

彼はその後、ある養護施設に入り、元気にやっております。やはり能力に応じた対応をしていかなくてはならない。それには医療的なバックが必要で、われわれにはそれがなく、悲しいことだと思っておりました。

そんな悩みを抱えつつ子どもたちと生活していましたが、昭和六十三年（一九八八）、道場から抜け出したＡ子ちゃんという子が、道場の下の渓谷《けいこく》のところから五メートル下に落ちて死亡するという事故がありました。これもやはりその子の持っている能力とか性格というものを、充分に把握できていなかったために起きたのです。

当然、これが新聞やテレビに報道されまして、喝破道場もこれまでだと思いました。

けれども役員の方々は、

「子どもを預かることをやめちゃいかん。もし問題があるなら、そういうことが起きないような道場にしよう。そして必要な職員を配置しよう」

そうおっしゃって下さいました。それで喝破道場も存続できることになったわけです。

けれども厚生省《こうせいしょう》のほうから、道場の施設拡充に対してストップがかかりました。上京して厚生省を訪ねましたら、当時の課長さんから、

「和尚さんの気持ちはわかるけれども、もし和尚さんが亡くなったら道場はどうなる。今は和尚さんがいるからこそみんながボランティア的にやってくれているが、和尚さんが亡くなったら職員も困る。また生活している子どもたちも困る。だから国の設置基準に従った情緒障害児短期治療施設を作りなさい」

というアドバイスをいただきました。

そのようなことで平成五年四月に、喝破道場の活動の一環として、社会福祉法人「四恩《しおん》の里・若竹学園」を開園することになったのですが、考えてみますとそのA子ちゃんが亡くなったおかげでこういう話に繋《つな》がってきたのですね。

若竹学園は医師、カウンセラー、看護士、そして寮生の保母・生活指導員など、十八名のスタッフで三十名の登校拒否の子どもを中心に情緒障害の子どもをお預かりする施設です。この医療施

設にプラスアルファ、つまり私どもにあります「禅」という精神的なものが加われば、私の願っている本当にすばらしい個性豊かな人間作りの場ができるのではないか、と考えております。

●家庭の役割の重要性を再認識しよう

最後になりますが、私が常々思っているのは、子どもたちが登校拒否や非行に走る原因は、やはり家庭にあるんじゃないか、ということです。子どもは親の後ろ姿で育つ、と申しますけれど、特に幼児期の子どもの教育は大切でございます。

「共育《きょういく》」という言葉を聞いたことがございます。これはとりもなおさず「共に育つ」ということで、私が一方的に子どもを育てているのではない。子どもを育てることを通して自分自身も成長しているんだ、ということです。子どもと共に成長していこうという気持ちで子どもに対応していけば、すばらしい子どもが育つのではないかと思います。

また一つ言えますことは、今家庭の中には「家訓《かくん》」というものがないということです。会社には社訓というものがあり学校には校訓がありますが、家庭にはないのです。昔はあったと思うのですが、これがなくなったことで今の家庭がどうしようもなくなっているのではないかと思います。ぜひ家庭に家訓を！

それと同時に先祖を大切にすること。先祖を大切にするお父さん、お母さんの姿を見て、お父さん、お母さんを大切にする子どもが育つのでございます。お父さん、お母さんが先祖を蔑《ないがし》ろにすることが、そのまま子どもがお父さん、お母さんを蔑ろにすることに繋がっているのです。そのように家庭が即《そく》、子どもに繋《つな》がっている。そう思えてなりません。

道場ではまだまだこれからしなければいけないことがいっぱいあります。しかしその基本は、前項で述べた「報四恩《ほうしおん》」（父母の恩・社会の恩・国土の恩・大自然の恩に感謝し、報いる）です。喝破道場が四つの恩に報いられる道場でありたいと願っています。

また道場には「喝破五訓《かっぱごくん》」（本書巻頭ページ参照）というものがございます。お預かりしている不登校や非行の子どもたち、ニートや引きこもりの若者たちだけではなく、私自身も喝破五訓を目標に、これからも子どもたちや若者たちと一緒に、修行していきたいと思っております。

第二章

子どもたちを自立させるために

この章では、喝破道場が不登校・ニート・引きこもりの子どもたちや若者たちに「自立」の精神を身につけさせるために行っている活動の一部（サバイバル訓練・坐禅・食事作法など）を紹介し、また、「現代の日本において、あるいは各家庭において、子どもたちや若者たちの自立の精神は、どうやったら育つのか」ということについての私の考えを、述べさせていただきたいと思います。

サバイバル訓練で自立精神を養う

まず初めに、喝破道場が毎年行うようにしてきた「カッパのサバイバル訓練」について、それが行われるようになった経緯や、それを行うことによって子どもがどう変わったか、ということについてご紹介したいと思います。

●サバイバル生活で「娑婆世界」を認識せよ

喝破道場が最初にサバイバル訓練を行ったのは昭和六十一年（一九八六）で、以後、年一回のペースで行うようになりました（ただし近年は、瀬戸内海にサメが出没したため、中止しております）。

喝破道場の在《あ》り処《か》は、海抜四百メートルの山の中。それがどうして瀬戸内海無人島でのサバイバル訓練か、という疑問が湧く方もいらっしゃるかもしれません。

登校拒否児やいわゆる非行青少年、あるいはニート・引きこもりの若者たちをお預かりするようになって、およそ三十年が経ちますが、その問題の根底にあるものはナニか、ということを、私はいつも考えてきました。

もちろん、わが宗祖道元禅師《どうげんぜんじ》の頃にも今で言う登校拒否傾向の子どもはいたようですし（『正《しょう》法眼蔵随聞記《ぼうげんぞうずいもんき》』六―二参照）、当然社会不適応の子どももいたと思います。所詮《しょせん》生物は環境に左右されて生きる他に術《すべ》はないのです。現代っ子と言われ新々人類と呼ばれる子どもたちも、結局は環境に流されて生きているのだといえます。

この環境づくりは、政治・教育・家庭の問題です。われわれ大人は子どもたちに対して申し訳なく思い、猛省《もうせい》すべきです。

しかし、いくら環境に流されて生きていると言っても、そこは万物の霊長類「人間」であるので、環境に振り回されずに、環境と調和して生きてゆける人間に育ってほしい……。それにはまず、この世の中の本当の姿を認識すべきではなかろうか、という発想で考えついたのが、この「カッパのサバイバル訓練」なのでした。

この世の中の本当の姿とは何か。それは「娑婆世界《しゃばせかい》」だ……という、仏教の根本的な考え方があります。今様《いまよう》に言うならば、思い通りにならぬ世界、と言えるでしょう。

われわれ大人は、この世の中がままならぬもの、時には逃げ出したくなるようなもの、と認識しているハズ。しかしその現実を少しも子どもに教えようとしていません。この社会、少なくとも現代日本が縦社会だ、ということは充分に承知しているハズなのに、横社会、友だち家族で教育してしまっているのです。

●「生かされて生きている」を学べ

食べ物が無制限にあり余っているわけでもないのに、「飽食《ほうしょく》の時代」とかで、「好きなモノを、好きなだけ、好きなときに食べる時代」などと言っています。人は一人では生きられないのに、自己中心的な人間を育ててしまっています。そのような環境で育てられれば、それが社会、それが真実と信じても、不思議ではないでしょう。

カッパのサバイバル訓練でのメッセージに、こうあります。

「飽食の時代と言われて久しいが、その飽食は本物だろうか。食料の八割を輸入に頼っているという日本。もしその輸入の道を断たれたら……。アフリカやベトナム難民の飢餓《きが》は他人事ではないのである。

自らの手では、何ひとつとして食物を手にすることができない、という事実を体験し、生かされて生きているということに目覚めたい。また、苛酷《かこく》な自然環境の中で最後までやり抜いたという充実感は、参加者の生きる勇気となるであろう……」

つまり、サバイバル訓練を通して、

「生かされて生きている」

ということを現代っ子に認識してほしかったというわけです。

●ハプニングもあったけど……

「カッパのサバイバル訓練」は、香川大学教育学部教授の故・岸純子先生、医療班として香川医科大学第一外科講師の数野博先生などのご協力によって始められました。

サバイバル訓練を始める、といっても身近にそういう例がないので、本屋さんからドッサリとサバイバル関係の書籍を買い入れて参考にしたり、最後には自衛隊の駐屯《ちゅうとん》部隊を訪れて師団長に面接を申し入れてレインジャー部隊の派遣を要請し、講習会初日の日に実地訓練を受けたりもしました。

第一回サバイバル訓練のための講習会の初日では、われわれスタッフがはりきりすぎて参加者の大半がバテてしまい、

「もう本番のサバイバルには絶対に参加せえへん……」

という捨てゼリフで帰る人もいて、数日後の本番サバイバルには参加者ゼロで、スタッフのみのサバイバルになるのでは……という心配までしました。しかし案に相違して一人の欠席者もなく、全員参加の第一回サバイバル訓練となったのでした。

よき指導者と医師さえいればこれで完璧……と思って実施したサバイバル訓練でしたが、しかし、大きな見落としがありました。それは無人島での実施であるために、どうしても送り迎えの船と、一日最低一度の連絡便が必要なのでした。無人島に最も近い有人の島の、最も若くて元気がよいという漁師さんにその任務をお願いしました。ところがその島で最も若いという漁師さんは七十歳に近い人で、その上に少しアルコール中毒気味ときていたのです。

ハプニングが起きたのは最終日でした。

すべての荷物点検を終えて、島で一番若い漁師さんの迎えを砂浜で横二列に並んで待っているのに船影が見えない。約束の時間が一時間過ぎても、まだやってこないのです。

やがて一キロ離れた本島に、今日最後のフェリーが近づきつつありました。この船に乗りそびれると明朝の十時まで船はありません。

子どもたちの顔が、否、その前にスタッフたちの顔のほうが引き攣《つ》ってきました。一艘《そう》の釣船がわれわれのいる島の前を横切ろうとしました。子どもたちが一斉《いっせい》に駆け出し、助けを求めて手を振りました。船上からは釣り人たちが、笑いながら手を振り返してきます。釣船の人たちからすれば、大勢の子どもたちが遊んでいるとしか映らなかったのでしょう。

フェリーは本島の島陰に入っていきました。事の重大さを悟った子どもたちは、次に見かけた釣船に向かって大声で叫びながら走っていきました。五人そして十人……。

事の異常さを感じて、船が岸に近づいてきました。子どもたちが口々に迎えの船が来ないこと、フェリーに間に合わぬことを訴えました。善意の釣船さんは、子どもたちを本島に渡してくれることを約束してくれました。子どもたちはそのうれしさを、走り寄りながら私に伝えてくれました。

二十人もの子どもたちを一度に乗せたその釣船は、沈没寸前の状態で本島に向けて出発しました。ちょうどそのとき、かの最も若い漁師さんが酒のにおいをプンプンさせながらやってきました。バッテリーが充分でない状態で発信した最後の無線連絡をなんとか道場がキャッチしてくれ、漁師さんに電話連絡してくれたのでした。

最も若いその漁師さんが、開口一番に言いました。

「迎えは明日だったんだろう!」

このようなことで、第二回サバイバル訓練では初回の苦い経験を生かして、「船」を借りることにしました。それには免許が必要だということで、私がモーターボート免許に挑戦して免許を取得。続いて数野先生、そして岸先生も取得しました。

免許は取ったものの漁船の操法も知らぬ状態で知人から借り受けて、前進と後進を間違えてバックし、危うく岸壁にぶつかりそうになったり、サバイバル本番中には船が横波を受けて横転してバッテリーが使用不能、そのためにマリーナにSOS発信で救助してもらうというようなハプニングも続出……。

第三回目には他人様《ひとさま》の船を破損させては申し訳ないと中古船を買い入れたのですが、小さ過ぎて、荷物を積むとそれだけで沈没寸前の状態に。

第四回目で思い切ってディーゼルエンジン九十馬力の十人乗り漁船を入手。これならば万全、と安心しきっていると、台風十一号ともろにぶつかって、これまた悪戦苦闘のサバイバル訓練となったのでした。

●子どもたちは、サバイバルで確実に何かを学ぶ

しかしながら、回を重ねるに従って装備や内容も充実し、参加者も平均三十名、そしてスタッフも十五名で、子ども三人に一人が専従できるまでとなったのでした。

A君の作文には、こう書いてありました。

「今日は、今までで一番の思い出がたくさんできた。最後にふさわしいサバイバルであった。ウニをあきるほど食べ、魚を手づくりのサオで釣って食べ、サザエを焼いて食べ、とても今になって感動している。

サバイバルで自分の考えが少し変わった。みんなの力があって一つの大きなこと、また小さなことができると。一日目のカッパ丸Ⅱが転覆《てんぷく》しそうになったとき、みんながいたから助かったんだなあと思い、すごく人間が力を合わすと何でもできることを知った。

和尚さんが頑張っている姿を見てスタッフのみなさんが頑張って、それを見て自分も頑張る気がおきて、すべてが一つにつながってるようだ。

サバイバルで苦しんだことは家に帰って勉強にへばったりしたら思い出して、食べ物のありがたさや、自分一人ではなにもできないことや、つらかったことを思い出して社会に役だて

たい」（第四回サバイバル訓練に参加しての感想文）

サバイバルは決して子どものみのものではなく、むしろわれわれスタッフの得るところ大のものなのです。

喝破道場の活動は、子どもたちのためであると同時に、実はわれわれ大人が子どもたちを通じてあらゆることを学ぶことができるのです。

近年は瀬戸内海におけるサメの出没によって中止している「カッパのサバイバル訓練」ですが、その精神だけは、ずっと忘れないようにしたいと思います。

坐禅を通じて仲間の大切さを学ぶ

毎日、朝夕二回の坐禅

喝破道場は禅道場ですので、毎日、朝夕に坐禅を行っています。本書巻頭の〝喝破道場「若者自立塾」の生活〟のページに掲載した道場の一日のスケジュールにある通り、朝五時十五分からと夕方七時十五分からの一日二回の坐禅が行われます。

この一日二回の坐禅を、昼夜転倒した不摂生な生活を行っていた不登校・ニート・引きこもりの子どもたち（若者たち）と共に行っています。

姿勢を整えて、深くゆっくりと呼吸しながら坐禅することで、子どもたちは、自然と自分の呼吸を会得し、落ち着きのある人間に変わっていくのです。

……ところで、このように子どもたちに毎日坐禅を行わせている私ですが、実を言うと、私自身もまた子どもたちという「仲間」がいるおかげで、坐禅を組ませていただけているのです。元来が意志薄弱の私が、出家しておよそ三十五年、なぜ毎日坐禅を組み続けることができているかと言うと、この「仲間」がいるからなのです。

それはどういうことか、以下に私の坐禅にまつわる思い出話を述べ、そして「仲間」を持つことの大切さを述べさせていただきたいと思います。

●一人でいても不離叢林

私を育ててくれた修行道場（曹洞宗瑞應寺《ずいおうじ》専門僧堂）では、修行を了《お》えて郷里に帰りゆく者がいるとその朝、必ず一本のお軸《じく》を床《とこ》の間《ま》に掛けていました。ずいぶんと以前のことなので誤りがあるかも知れませんが、こんな文章だったと思います。

「君、郷里に帰る事勿《なか》れ。並舎の老婆子、汝《なんじ》の幼名を云う……」

修行未熟にして郷里に帰ろうとする者にとって、この墨跡と堂頭さまのお顔は、何とも辛くて正視に耐えられないものです。

これから郷里に帰ろうとしている私に対して、堂頭さまはニコニコして何もおっしゃらないが、その言わない部分をこの墨痕鮮《ぼっこんあざ》やかなお軸が代弁していわけです。

「お前さん、郷里に帰らぬほうがいいゾ。いくらお前さんが修行して帰ってきたと胸を張ったとて、近所のお婆さんたちがやってきて『○○ちゃん、もう帰ってきたの。あんたの小さかった頃はネェ……』などと言われたら、お前さんの中途半端な修行なんぞ何の役にも立たなくなってしまうぞ。だからこそ郷里には帰らぬほうがよい」

というほどの意味でしょうか。

それに対して未熟な修行僧は、嘯《うそぶ》くのです。

「一人でいても不離叢林《ふりそうりん》」

と。叢林とは木や草がたくさん集まって生《は》えて、その勢いの盛んな様子から、修行道場のことを指します。本来のお寺というところは、求道心《ぐどうしん》を持った修行者が三名以上存在するところを言うそうです。

お釈迦さまは、人間の弱さというものをチャンと見抜いておられたようです。だからこそ数人の仲間が集まり励まし合い、助け合って修行しなさい。そうすれば弱い人間にも、考えられないような勇気と力が湧いてくるゾ、と言っておられるのです。

仏教徒の三つの宝（三宝《さんぼう》）、と言われているのが「仏《ぶっ》・法《ぽう》・僧《そう》」です。「仏」とは世の中の、世界全体のあらゆる真理を体得した人。その代表がお釈迦さまです。「法」とは真理そのものとも言えますが、その真理を会得《えとく》するための方法論とも言えます。そして「僧」とは、仏の教えを信じて修行実践する仲間たちのことなのです。「一人でも不離叢林」とは、たとえ仲間から離れて一人になったとしても、自分の心の中には多くの仲間がいる、ということです。

私もその嘯いた一人として、郷里に帰りました。一か月、そして二か月は、修行道場と寸分も違わない生活ができました。しかし三か月、四か月となるとだんだんと手抜きをしてゆくのです。四時起床が四時三十分となり、やがて五時となるように……。

自分自身でその堕落《だらく》ぶりが感じられ、焦りが生じるのです。

「これでは本当に自分が駄目になってしまう！」

――弱い私には、共に修行する仲間が必要だったのです。

けれども仲間といるときは、仲間の必要性を感じなかったりするのですが。

私は自分の堕落を恐れて、それを防ぐ手段を考え、まだ禅道場ができていない頃でしたが、

「坐禅会」を計画したのでした。人さえいてくれれば否応《いやおう》なしに動かざるを得ない。そんな状況を作り出して自分自身を鞭《むち》打とうとしたのでした。

●仲間をつくることの大切さ

その坐禅会に集まってきてくれた人たちは、アメリカの坐禅会で参禅していたという大学の先生や、つい先月までの勤務地で臨済《りんざい》禅を学んでいたサラリーマン。はかま姿も凛々《りり》しい独身看護士長さんなどなど。それぞれが一騎当千《いっきとうせん》の強者《つわもの》ぞろいでした。

中には、「和尚が酒も飲めぬようでは禅宗坊主とは言えぬ。俺が酒を教えるから和尚は坐禅を教えろ」という御仁も現われました。

前々から考えてはいましたがどうしても実行に移せなかった托鉢《たくはつ》も、坐禅会のメンバーからの提案で即実行となり、毎月一度の托鉢が実現しました。

全員が天台笠《てんだいがさ》に手甲脚絆《てっこうきゃはん》わらじ履《ば》き。僧衣は憚《はばか》られるので、少林寺拳法の法衣を着ければ、堂々たる托鉢姿となります。この一団の中にたった一人の本物僧が混ざっていることのほうが、不似合いに思えるほどでした。

そしてまた、月一度の金・土・日曜日を利用した泊まり込み坐禅会の「摂心《せっしん》」まで行うようになったのでした。

修行道場には「大衆《だいしゅ》の威神力《いじんりき》」（数多くの仲間が集まることによって生じる不思議な力）という言葉がありますが、実にその通りだと思いました。

一人ではとても不可能なことも、二人・三人と集まれば難なく可能にしてしまうのです。この坐禅会が因《もと》で、登校拒否の児童生徒をお預かりするようにもなったのでした。

●仲間と共に、子どもたちと共に

そして禅道場草創から三十年。その三十年間には、雪が五十センチも積もったこともありました。その積雪の坐禅堂にあっても坐禅を組み続けることができたのは、お預かりしている子どもたちのおかげなのです。

登校拒否やニート・引きこもりの子どもたちの共通パターンとして、先にも述べました通り、昼夜転倒ということがあります。眠りに就《つ》くのが朝の三時～四時。そして起床は昼前後。

その子どもたちに五時起きの生活をさせ、毎日坐禅させるには、「率先垂範《そっせんすいはん》」、つまり私自身が率先して五時起きして坐禅し、手本となるしかありません。夜遅くまで雑務に追われて疲労困憊《ひろうこんぱい》して、「明朝は身体のためにも坐禅を休ませてもらおう……」などと思っても、寮生が交替で振る五時ジャストの起床合図の振鈴《しんれい》の音を聴くと、とても寝てはおれないのです。

理由の一つとしては、道場長としての威厳を保持したいため、という無意識のものがあるかも知れません。しかし年端《としは》もゆかぬ寮生たちが寒天の下で氷を割って洗面し坐禅を組むと思えば、寝てはおれないのです。

疲労をおして坐禅堂に入る、一人一人の姿勢を、確認する気持ちで直してやる。自分の定位置に戻って坐る。火の気の一つもない冷蔵庫の中よりも冷たいその坐禅堂に粛々《しゅくしゅく》と坐っている子どもたちの後ろ姿を見ていると、

「この子どもたちがいてくれるからこそ、今の自分があるのだ……」

と、涙さえ浮かんでくるのです。登校拒否や非行の子どもたちを預かって教育している、なんてとても偉そうなことは言えません。教育してもらっているのは、むしろ自分自身なのです。

また、子どもたちにしても同じことが言えるでしょう。

昼夜が転倒して昼前後にしか起きられなかった自分が、今こうして五時に起きているということ。弱かった自分も多くの仲間の中で共に行《ぎょう》じてゆくことで難なく一日の行持《ぎょうじ》を消化していっているのです。

でも、考えてみれば奇妙な現象です。朝起きられなかった人間が、普通の人でも起きない五時

に起きて坐禅を組んでいるのだから……。

これすべて、「大衆の威神力」と言えるでしょう。

私たちも仲間をつくりましょう。何か世の中に働きかけられるような行動を起こすとき、とても考えられないような力が湧いてくることうけあいです。

このように喝破道場では、坐禅を通じて、仲間と共に何かを行うことの大切さを学ぶのです。子どもたちも学ぶし、私自身も子どもたちから学ぶのです。

坐禅で「呼吸」の大切さを学ぶ

前項でも述べた通り、喝破道場は禅道場なので、坐禅は毎日行う必修カリキュラムとなっています。

坐禅には、「仲間」の大切さを学ぶという意味もありますが、「呼吸」の大切さを学ぶという意味もあります。姿勢を整えて深くゆっくり呼吸を行うことによって心が落ち着き、我慢すべきときに我慢できる「セルフコントロール」ができる人間になれるのです。

そこで、この坐禅による「呼吸」と、子どもたちの「心」との関係について、考えてみたいと思います。

●呼吸が整うと心も落ち着く

平成十九年（二〇〇七）十一月初旬に、NHK岡山放送の朝の番組で「キレる子どもたち」という番組が放映されました。

残念ながら最後の部分しか垣間見る《かいま》ことができませんでしたが、岡山県下の某小学校の取り組みとしての取材でした。

「キレる」という言葉が市民権を得てもう久しいですが、当初は「我慢ができない子・充分な躾《しつけ》がなされてない子」と顰蹙《ひんしゅく》の対象でしかなかったものが、そのことが原因で学級崩壊にまで至っているとするなら、看過《かんか》できない大問題です。

そのことから各分野で「キレる子ども」の研究がなされ出して、現在では、環境ホルモン説・セロトニン説・摂取《せっしゅ》食物説・添加物《てんかぶつ》説・家庭教育説……と、さまざまな原因が提起されています。

それらの中で、岡山の某小学校 教諭《きょうゆ》たちが中心になって調査研究した結果が「深呼吸法」の導入でした。テレビの画面に映っていたのは、教諭が教壇に立って、イスに坐っている生徒たちに深呼吸の仕方を指導している場面でした。

なるほど深呼吸は酸欠状態になった脳に新鮮な酸素を補給し、ボーッとした状態や眠気・イライラを解消するので、本来のセルフロントロールが可能となって、キレる感情を抑《おさ》えることができるようになるでしょう。

●坐禅は子どもたちに有効

現在は他県の学校からも視察に訪れているそうですが、私はそのテレビ放映を見て直感的に学校現場での「坐禅普及」の必要性を実感しました。

坐禅の基本は「調身《ちょうしん》」「調息《ちょうそく》」「調心《ちょうしん》」の三調です。深呼吸を行うには、背筋を伸ばして腰を安定させなければなりません。そして肩の力を抜いて胸を張り、姿勢を正さなければなりません。そこで初めて深呼吸が可能になりますが、深呼吸は腹筋を使った腹式呼吸でなければなりません。

姿勢が整い、呼吸が整うと、自ずから心が落ち着いてセルフロントロールが働き、非常時の「我慢ブレーキ」が作動可能となるのです。ぜひとも授業の前後五分間でも、イスでの坐禅を導入して欲しいものです。そのことにより授業を聴く集中力が増して勉学が面白くなれば、キレることも学級崩壊も解消するでしょう。

今の学校現場では、授業以外のことに力をとられ、職員が疲弊《ひへい》し、先の文部科学省調査での「希望降格最多の八十四人」という状況を呈するのでしょう。

さらに注文するなら授業で使用する「イス」の改良が必要です。姿勢よく、長時間（四十五分間）坐っても疲れない工夫を施したイスの導入です。喝破道場では、足腰が不調な方のための坐禅用にと工夫して作ったイス《禅坐》が好評です。試坐を望まれる方にはお貸しいたします。

また、「キレる」ことに関しては、家庭でのカロリーを考慮し愛情を込めた朝夕の食事と、「家庭円満」が何よりの栄養でしょう。「我慢」を育てるにはスポーツやキャンプなどでの集団生活も必要で、「体力と耐力」はセットのようです。

いずれにしても、やがては自分一人で生きてゆかなければならないわが子に何を教育してやらなければならないか、に尽きるようです。

食事作法で思いやりを学ぶ

●食事のマナーを教わらぬ子どもは不幸

禅道場である喝破道場では、毎日の食事は、禅の「食作法《じきさほう》」（食事の作法）に則《のっと》って行われます。

しかし、参禅や研修などで入山された方が戸惑《とまど》うのが、この「食作法」です。

道場では、禅門の規矩《きく》に従って五点セットの応量器《おうりょうき》を使用しているので、まずその並べ方や扱いに閉口しているようです。

さらに、一同が会しての食事なので、調理されたものをお互いの食器によそい合うのですが、習慣的にまず自分の器に菜《さい》を満たしてから次に他の人に……としてしまいます。

すかさず古参《こさん》の誰かが言います、

「自分のは後！」

と。

また、菜《さい》をよそってもらって当然のような態度の人もいます。そのようなときには、

「あなたのために菜をよそって下さっているのだから、感謝の意を込めて合掌して受けなさい」

と注意されてしまいます。

よそってもらって当たり前、ではなくて、

「私のためによそって下さっている」

という感謝の気持ちが必要です。

それは決してよそう人を見下したり、横柄《おうへい》なためではないのです。マナーを知らないのです。重ねて言うならマナーを教わってないのです。

教えなかったためにわが子が恥ずかしい目に遭《あ》うとするなら、それは厳しい言い方だけれども親の責任と言えるでしょう。

ここに家庭教育の重要性が存在すると思います。

●天国の食事・地獄の食事

聞いたことのある仏教逸話に、「天国と地獄の食事」があります。

この食堂の特徴は、円形の大テーブルを使用していることと、箸《はし》やスプーンの柄《え》が異常に長いことだけで、他には卓に並んだ料理は地獄も極楽も同じものだけど、極楽の人たちが集まってとる食事の風景は和気藹々《わきあいあい》としていて、見る者をして楽しくなります。

しかし地獄の人たちが集まっての会食風景は、殺気立ってすらいます。

どうしてだろうか、と観察してみると、極楽の人たちは長い箸を使って前のテーブルの人に、

「何をお取りしましょうか」

と聞いて料理を長い箸で相手の人の口に運んであげるそうです。

すると先に取ってもらった人は今度は、

「ありがとう。ではあなたは何にしますか……」

という食事風景でした。

地獄の人たちの食事は、長い箸やスプーンを使って自分の好きな料理を我先《われさき》にと自分の口に入れようとするのですが、箸やスプーンの柄が長過ぎて横の人にあたり、料理がこぼれ落ちたりし

て、うまく自分の口に入らないのです。

そこで横の人と罵《ののし》り合いになったりして、騒然とした食事風景になってしまうのです。

●自分のことは後でいい

道元禅師《どうげんぜんじ》は、

「自未得度先度他《じみとくどせんどた》」

と申しました。

天台宗を開かれた伝教大師最澄《でんぎょうだいしさいちょう》は、

「忘己利他《もうこりた》」

と言われました。

共に、

「自分のことは後でいいのです。他の人のことを先に考えてあげて下さい」

と言われています。

大切なことは、生活の中でその教えが実践されているか、また自分自身のみが実践しているだけではなく、家族や周囲の者とも共に実践されているか、が大切ではないでしょうか。

でも、考えてみると、「まず自分」が現代の常識かも知れません。

しかし、その常識の結果がこの荒《すさ》んだ社会を作ったと言えます。

「押してダメなら引いてみよ」の諺《ことわざ》もありますので、今度は「自分を後に」という生き方を選択してみてはどうでしょうか。

「自分が先」が世法《せほう》(俗世間の常識)なら、「自分を後にして、他人を先に」は仏法《ぶっぽう》の常識なのですから。

喝破道場では、食事作法を通じて、この「先度他《せんどた》」の教えを、子どもたちや若者たちに身につけてもらうのです。

「やる気」を起こさせるには

すでに第一章などでも述べましたが、喝破道場では、厚生労働省の正式な委託実施事業「若者《わかもの》自立塾《じりつじゅく》」が、平成十八年（二〇〇六）に開塾しました。

そこでこの第二章の締めくくりとして、その「若者自立塾」の運営を通じて私が感じた、「若者に『やる気』を起こさせるためにはどうしたらよいか」ということを、述べたいと思います。

●「快適空間」を与えすぎてはいけない

喝破道場の「若者自立塾」に入塾した塾生たちは、それぞれ卒塾後の自立生活を目指し、カリキュラムに沿った生活を数ヶ月にわたって行います。

この「若者自立塾」への入塾に対する問合わせの電話やメールは平均一日一本あり、本人を伴っての見学や、親族のみの見学・相談も少なくはありません。

受け入れ側としては基本的に本人に「やる気」さえあれば受け入れる方針であり、施設や環境を確かめられた大半の親族は「ぜひとも入塾させたい」と希望されます。

しかしいくら保護者が希望されても、本人が一歩を踏み出せない。

相談内容からすると、全体的に大学卒、または中退などの高学歴者が多いようで、大半が人間関係のつまずきと鬱《うつ》傾向、仕事での能力不足などが原因で引きこもって五年～十年が大半のように伺えます。

その間には、「このままではダメだ！　何とか社会復帰しなければ……」という葛藤《かっとう》もあったのでしょうが、しかし保護者が「引きこもってしまったわが子を癒《いや》してやりたい」という親心からついつい衣食住の世話から小遣いまでも与えることにより、無意識のうちに、

「居心地のよい快適空間」

を提供してしまっています。そしてその「快適空間」は、若者の中にあった葛藤を、奪ってしまうのです。

ＤＮＡ研究者の方が、

「危機意識がＤＮＡの働きをＯＮにする」

と言われていますが、ＤＮＡこそ生き残り本能です。その本能を消失させるには「快適空間」が一番です。

つまり、逆に言えば、「やる気」を起こさせるには、この「快適空間」を親が与えなければよいわけです。

衣食住から小遣いまで、何から何まで働かなくても親が与えてくれる空間の中では、危機意識や「やる気」が、育つはずがありません。

保護者が定年退職をされて年金生活の家庭が半数で、もしも保護者の方が亡くなられたら、本人はどうするのだろうか？　と人ごとながらも気にかかります。

そのような時に思い出すのが、「全国引きこもりＫＨＪ親の会」代表奥山さんの、

「最後は餓死《がし》ですよ」

の一言。

いざとなったときに、スーパーやホテルのゴミ箱の中から残飯を探してでも命をつなぐことができるだろうか……。

これができなければ「餓死」は必定《ひつじょう》です。

●物的幸せが「引きこもり」を生んだ

私ごとになりますが、育ち盛りが戦後の動乱期でしたので、父母と兄弟姉妹五人の生活では一日三度の食事にもこと欠いていました。

もちろん私の家のみではなく、大半の家庭がそのような状況でした。

中学生のときに、学校内でのケンカがもとで、一週間の「家庭内謹慎《きんしん》」処分に処せられたことがあります。

一週間、じっと家の中にいて毎日の反省文と大量の宿題を与えられたときの苦しみは、今も鮮明です。

現在と違って、家の中にはテレビも食物も何もない状況でした。

登校していれば、勉強は二の次としても、友人はいるし、美味《おい》しい給食はあるし、部活はあるし……で、家にいるよりも学校のほうが幾倍も楽しかったのです。

現在が昔同様に家庭の中に何もない貧しい生活だったら、「引きこもり」は存在しないでしょう。

私たちは昔のような食事にもこと欠く生活を二度としたくないし、せめてわが子たちには惨《みじ》めな生活をさせたくない、という願いで遮二無二《しゃにむに》働いて、現在の物的幸せを手に入れたのでしょう。しかし皮肉なことに、幸せを手に入れたことで大変な不幸も抱き込んでいることに気づかされました。

十幾年前に文部省が「すべての学童に不登校の可能性がある」と発表しましたが、

「すべての人に引きこもりになる可能性がある」

と言えるでしょう。

●「求める心」をどうやって持たせるか

「やる気」の大切さについて、禅の教えから例を挙げてみましょう。

禅語に、

「啐啄同時《そったくどうじ》の機《き》」

という言葉があります。

出典は『碧巌録《へきがんろく》』で、

「師家《しけ》と学人と一如一体《いちにょいったい》の素晴らしき働き。卵が孵化《ふか》する時、雛《ひな》が殻《から》の中で啼《な》くを啐と言い、その瞬間に親鳥が外からつつき破ることを啄《たく》と言う」と『禅林句集《ぜんりんくしゅう》』にあります。

卵の殻の中の雛が「生まれよう！」という強い意思で啐《な》くのを、母鳥がその声で位置を察知して、殻外より「つつく」と言うのです。

いくら「産まれさせよう！」と母鳥が思っても、意思表示がなければ為《な》す術《すべ》がありません。

また反対に、殻の中から全身全霊で意思表示をしても、親鳥に殻を破って誕生させる行為がなくては産まれ得ません。

両者の思いが一致したときに、大事が成し遂《と》げられるのです。

さて、一説に三百万人とも言われている引きこもり（ニートは約七十万人）の中の何パーセントの者が、自ら、

「この状況から脱出したい！」

と真剣なサインを出しているのでしょうか。

引きこもり状態でありながらも、その意識のない人たちもいますし、衣食住にこと欠かない「快適空間」を提供されていたのでは、不快適な娑婆世界《しゃばせかい》に飛び込む気持ちにはなれないかもしれません。

「学道はすべからく貧《ひん》なるべし」
と曹洞宗開祖・道元禅師《どうげんぜんじ》が申されていますが、モノに溢《あふ》れた中流意識の中からは「貧」の実感は不可能です。

しかし、親だけが一方的に「この子をこの状況から脱出させたい」と考えていても、ダメなのです。

本人が、自ら「脱出したい！」と真剣に考えるようにならねばならないのです。

どうすれば「脱出したい！」と真剣に考えるようになるだろうか？　が大きな課題となっています。

そのためには、くり返しになりますが、まずは保護者が「快適空間」を与えないことです。そのことによって、危機意識を持たせるのです。

そして本人が、

「このままでいいのだろうか……」

と不安を口に出したとき、「機は熟した」と言えるでしょう。

そのときに、間髪を入れずに受け入れ施設に誘うことです。

幸いにして喝破道場は瀬戸内海国立公園の一角に位置し、恵まれた大自然の中で自然の放つ癒《いや》しのパワーを全身に受けて生活をしております。

その生活の基本は「集団生活」です。塾生たちはいわゆる「集団力動」の中で、今までに成《な》し得なかった体験を積み重ねて行きつつ、喪失してしまっていた自信を回復していくのです。

そのために、「規則正しい生活」「体力」「気力」「思いやり」の基本を、道場での生活の中で積み重ねていきます。

そのためのプログラムが、午前五時起床に始まる道場の生活です。

そして、今まで重くて持ち上がらなかったものが持ち上げられ、耐えられなかった足の痛みの正坐や坐禅が苦痛でなくなり、笑顔で他の塾生と語れるようになったときが、卒塾のときです。

第三章 懺悔録

私が登校拒否・非行・引きこもりなどの子どもたちや若者たちを道場に本格的に受け入れはじめたのは、昭和五十三年（一九七八）のことでした。つまり本書が刊行される平成二十年（二〇〇八）の時点で、子どもたちや若者たちを受け入れはじめて、三十年もの年月が経っています。

その三十年間は、必ずしも順風満帆なことばかりではありませんでした。失敗も多くあり、また今でもそのことを思い出すと断腸の思いで胃がキュッと痛くなったり、懺悔せずにはいられなくなる辛い事件もありました。

この章では、喝破道場のこれまでの歴史の中で起こった、そのような辛い出来事の一部を、つつみ隠さず告白し、懺悔させていただきたいと思います。

A子ちゃんの死

● A子ちゃんという少女

A子ちゃんが凍死体となって発見されて、およそ二十年経ちます。喝破道場開創三十年の中で、こんな悲しい出来事は初めてのことでした。

A子ちゃんは、内股《うちまた》で歩くひ弱な感じの当時中学二年生・十四歳。登校拒否に無断外泊、喫煙に万引きが常習でした。

家族構成は祖父と父親が共に婿養子《むこようし》という女系家族で、A子ちゃんの妹を入れての六人家族。祖父母、特に祖母はA子ちゃんを溺愛《できあい》していたようです。

A子ちゃんは、欲しいモノがあるとすぐに両親にネダっていました。しかし両親が教育的見地から「ダメ！」と言うと、A子ちゃんは迷わず祖母のところに行って、ことの次第を訴えるのです。すると、激怒した祖母は、A子ちゃんの前で娘夫婦を叱ったのです。

「自分の子どもが欲しがっているモノを買ってやらぬ親がどこにいるか。もういい、私が買ってやるから」

と。

次第にA子ちゃんは両親の言うことを聞かなくなり、軽蔑《けいべつ》の色さえ浮かべるようになっていきました。A子ちゃんの教育をめぐって祖父母と両親がよく対立したそうです。そのことに端を発して、A子ちゃんと両親は一時期家を出てアパート生活をしたこともあるようでした。

中学一年生頃までは祖母の言うことを素直に聞いていたA子ちゃんが、祖母の言うことにも反発するようになり、やがて誰の言うことにも耳をかさなくなっていきました。そして二年生の夏休みを境に、A子ちゃんの非行傾向は激しくなっていったのです。

非行青少年の多くは、その友人関係を通して次第に悪化してゆくのですが、A子ちゃんの場合は単独行動であったようでした。主にパチンコ店に出入りして、男性から声をかけられることを楽しんでいたといいます。従って学校での友人はほとんどいなかったようです。それだけにA子ちゃんの非行性と行動範囲は、掌握《しょうあく》が難しかったのでした。

ある日、中学校の紹介ということで、両親と祖父母が相前後して別々に施設見学と相談に来られ、A子ちゃんの道場入所が決められました。

では、窮屈《きゅうくつ》と命令が大嫌いのA子ちゃんを、どのように納得させて道場に連れてくるか……。もし無理矢理連れてこられても、朝五時起床・坐禅・朝課《ちょうか》・日中の畑仕事……と続く道場の厳しい生活に、適応できようか。逃げ出すに決まってる！

この依頼はお断わりするか……。しかし断わられたA子ちゃんはどうなるのだろうか。どこかで誰かがストップをかけないことには、ますます非行の深みに落ち込んでしまうだろう……。

数日後、両親からの電話で、明日A子ちゃんを連れていくからとのこと。早速A子ちゃん専従の職員を選んで受け入れ体制を整え、とりあえず反省室で三日間の内観断食《ないかんだんじき》をさせることにしました。

内観を終えて反省室から出てきたA子ちゃんの第一声は、

「もうお家に帰りたい」

でした。

体力の快復までは台所仕事の手伝いをしてもらいましたが、テーブルがうまく拭《ふ》けない、お茶《ちゃ》碗《わん》も充分に洗えない、フキンもうまく絞《しぼ》れない、という現代っ子の共通パターンでした。しかし道場で一ヶ月生活すれば、誰もが見違えるほど逞《たくま》しく成長します。A子ちゃんはこれから如何《いか》に変わるだろうか……。

そんな思いでいた矢先のこと、午後A子ちゃんが女子寮から「散歩してくる」と他の寮生に言い残して出かけたまま帰ってこない、という連絡が入りました。道場内の建物を隈《くま》なく探しましたが見当たりません。

「県道を通る車をヒッチして街に出たのでは……」

ともかく両親に電話で事情説明をして、職員を中心に寮生総動員で東奔西走《とうほんせいそう》してA子ちゃんの行方を探しましたが、夕刻になっても杳《よう》としてその姿は見つかりませんでした。

夜になって、両親に警察への保護願いを出していただきました。

翌朝、急を聞いて駆けつけた中学校校長や担任教諭《きょうゆ》ら五名が、それぞれ市内のパチンコ屋さんにとんでいきました。道場でも再度山内全員での山狩りを行いましたが、特に犬が嫌いだったA子ちゃんなので、まず山の中や谷の滝には行くまい、と考えました。

十日が過ぎても、A子ちゃんを見かけた、という人は出てきませんでした。

A子ちゃんの両親は、

「これだけ探していただいて発見できないのは、どこかの町で隠れて生活しているからだろう。本人が家恋しくなれば必ず帰ってくると思うので、それまで待ちたいと思います。ですからもう探さないで下さい」

とのこと。A子ちゃんの書き残した日記にも、アパートを借りて一人暮らしがしたい、とあったので、十中八九どこかで元気に生活しているだろう……。

そんな希望的な気持ちで半月が過ぎ、一ヶ月を迎えようとしていました。

●A子ちゃんの遺体が発見される

するとある日、今度は十九歳のB君が道場から姿を消したのです。またまた職員・寮生総出で周辺を探しましたが、見当たりません。

夕刻、連絡してあった父親に連れられてB君が戻ってきました。どの経路を経て山を下りたか、と問うと、

「最初は道場建物の下側を迂回《うかい》して県道に出ようかと考え、山の中を歩いていたら自分の意志とは反対に、どんどん足が谷にある滝のほうに向かって進むんです。

滝のほうに下りていったのでは県道に出られないので、早く引き返さねば、と思っても身体

が自分のいうことを聞いてくれないんです。

そして滝からずいぶん下った渓谷《けいこく》のところで、人が寝ているのに出遭《であ》ったんです」

と言います。

滝の下、人、寝ていた……。

それは、A子ちゃんでは?

……一瞬、職員たちの顔色が変わりました。私はすぐにA子ちゃんの両親と警察に連絡をとりました。

夜十時頃、地元警察の人たちを中心に約十名ほどが到着。第一発見者のB君を先頭に警察の関係者、A子ちゃんの両親、それに道場の職員数名が懐中電灯を頼りに、険しい岩肌の渓谷を、二手に分かれて現場に下っていきました。

合流した地点を見下ろす絶壁の上から谷底を照らすと、そこに一人の人間が横たわっている姿がありました。上着を首まで脱ぎかけて、半ば万歳の姿勢でそのまま上向きで寝ているような恰《かっ》好《こう》でした。はだけた腹部から胸にかけてが異様に白くなっていました。

じっと見つめていたA子ちゃんの父親が、

「A子じゃ!　A子に間違いない!」

と叫びました。母親はその場に崩れるように坐りこみました。

崖の上から約五、六メートル下でした。私は絶対にA子ちゃんであってほしくない、と思いました。それは、もしA子ちゃんだったら大変な責任問題を問われ、自分だけではなく、道場を応援してくれている多くの関係者にまで迷惑をかけることが予測できたからです。

やっとのことで谷底に下りました。

A子ちゃんでした。

直径二メートルほどの円筒状になった空間の地で、A子ちゃんはうたた寝をしているかのように横たわっていたのです。

検死の結果、「転落による凍死」と判断されました。死後一ヶ月を経ているのに、遺体の腐乱はまったくなく、野犬が嗅《か》ぎつけた形跡もなかったそうです。

「一ヶ月前の遺体がこんなはずはない。二、三日前に死んだのでは……」

と、ある警察官が言っていました。

いずれにせよ、喝破道場生が毎日、鍛錬と信仰のために登り下りする「日見ずの滝」から二、三百メートル離れた渓谷の地で、彼女は大怪我を負い、その場を動けないままで一〜二日は生きていたのです。

どんな気持ちで一～二日を過ごしたかと推測するとき、断腸の思いで一杯です。他人の私ですらそう思うのですから、A子ちゃんのご両親・祖父母さんは己の頭を大地に叩きつけたいほどの気持ちだと思います。

「嗚呼《ああ》、自分に神通力《じんづうりき》があったならば……」

とさえ思いました。

毎日二～三百メートルの近くまで通いながら、A子ちゃんを発見することができなかったことが何よりも悔《くや》しくてならないのです。

A子ちゃんを毛布に包んでロープでしばり、太い杉の枯れ木を通して前後六人で担《かつ》いで、やっとの思いで道場にたどり着きました。全員、一月の厳冬の真夜中だというのに、汗だくになっていました。

A子ちゃんはその夜のうちに、父親の運転する車で無言の帰宅をしました。道場の慈恩《じおん》さんが着せてあげた着物を着て……。

翌日、道場の電話はパニック状態を呈しました。A子ちゃんの死が報道関係者の耳に入ったからです。

「人が一人亡くなったんだヨ。道場はそれに対してどんな責任をとるんだ！」

各新聞社、そしてテレビ局が次々と道場を訪れました。翌朝の各紙はすべてA子ちゃんの死を掲載しました。

「登校拒否の中学二年生、山中迷って？　凍死」

「喝破道場にも壁、女子生徒逃げ出して凍死」……

確かに、どんな理由があろうとも、人が一人死んでしまったのです。裁判沙汰になるかも知れません。

しかし、どんなことになろうとも、すべて素直に受け入れてゆこう……。そう決心したとき、スーッと楽になりました。

寮生、職員も思ったより冷静でした。共にA子ちゃんを探したからでしょうか。

やがて、A子ちゃんの両親祖父母が揃《そろ》って挨拶《あいさつ》に来られました。そして遺族と道場が協力してA子ちゃんの供養のための地蔵尊の像を建立《こんりゅう》することになりました。

A子ちゃんのお父さんが言いました。

「和尚さん。私が普通の人だったら、A子の事故死のことで道場を訴えたかも知れません。しかし私は信仰を持っていますから、むしろA子が他ではなく、あの清らかな滝の近くで死んでくれたことを喜んでいますよ……」

と。

A子ちゃんのお地蔵さまの名前は「み光り地蔵」と言います。作は今治《いまばり》の馬越正八《うまこししょうはち》先生。坂村真民《さかむらしんみん》先生の御縁によるものです。

「A子ちゃん、どうか道場にかかわる者たちを守ってほしい」

と祈らずにはいられません。

●A子ちゃんの死を無駄にしない

A子ちゃんの死は、喝破道場に大きな問題提起をしてくれました。

例えば、道場では、A子ちゃんの死を契機に、「公文《くもん》教室」を開設し、子どもたちに勉強をさせるようになりました。

なぜなら、A子ちゃんは登校拒否と非行の傾向を持っていましたが、その登校拒否（怠《たい》学を含む）や非行の要因として、「躾《しつけ》の問題」

み光り地蔵

や「家庭破壊」があり、そして「勉強の遅れ」が挙げられると思われたからです。

道場での公文教室の開設には、香川大学の故・岸教授や公文教育研究会高松事務局の方々のお力添えで、一般の公文教室とは異なる「学校導入」の形で開設。現在は山内の登校生全員が学んで、徐々にではありますが成果をあげていきました。

「変毒為薬《へんどくいやく》」という言葉があります。人の生命を奪うもの（毒）を逆手に取って、人の生命を育むもの（薬）に変える、という意味です。

A子ちゃんの死は、とても悲しい出来事でした。しかし、その死を決して無駄にせず、人を育むものに変えていきたい。

それこそが、唯一のA子ちゃんへの償《つぐな》いではないかと思っています。

矛盾だらけの自分

喝破道場で、子どもたちや若者たち、さまざまな人たちと接していて、私はときどき、

「矛盾している自分」

にハッと気づいて、情けなくなってしまうことがあります。

この項では、ある出来事の中で、そんな矛盾した自分に気づかされたということを、告白したいと思います。

●道場に帰ってきたY子ちゃん

Y子ちゃんが、それまで学んでいた学校の先生につき添われて、喝破道場に帰ってきたときのことです。

中学二年の夏休みから中学を卒業するまでここで生活して、そして専門学校での寮生活も三年目、あと一年で卒業だというのに……。

理由は、寮生のお金を盗ったのが露見《ろけん》したためで、これまでに随分と回を重ねていたのは事実のようです。

道場にいたときも、幾度か彼女は同室の女の子のサイフからお金を抜いていました。くり返し諭《さと》しもしたのですが、それでも止まらずぶん殴りもしました。

それでもどことなく憎めない子でしたが、正直言って彼女が道場を出て専門学校の寮に入ると決まった日にはホッとしました。これで平安が戻ると。

そして三年。まさか専門学校の寮に入っても同じことをくり返していたとは……。

つき添ってきた二人の教師は同じことを重複しながら彼女の罪状を語りました。その横でうち萎《しお》れたY子を見ていると、可哀相《かわいそう》で涙が溢《あふ》れそうになりました。

「Y子、よく道場に帰ってきたネ……」

私は本気で彼女に声をかけました。

そのとき、私は大変なことに気がついたのです。

それは、彼女が道場で問題を起こしたとき、彼女のこともさることながら、道場全体に及ぼす影響を考えて彼女を責めていたのです。そして問題ばかり起こす彼女が早く道場を去ってくれればいいとも真剣に思ったこともありました。

そんな不遜《ふそん》な思いを持った自分自身が、よそで同じ問題を起こした彼女をいじらしく思って彼女を擁護《ようご》する側に立ち、過去の私の立場であるお二人の先生を責めているのです。

私は先生方に重々お詫びをして言いました。

「Y子は道場の子ですから、すべて私が責任をとりますから……」

と。

学校では頑《がん》として白状しなかった彼女が、夜の反省会のときに、

「私は学校の寮で悪いことをしてしまったので、また道場に帰ってきました」

と言いました。

私にすれば、言わなくてもいいことを……と思うようなことを。

このときほど、矛盾だらけの自分を見たことがありません。

叱《しか》ったり、責めたりしなくても、こころを開いてもらえる人間になりたいと、痛切に思いました。

第四章

随想・喝破道場

この章では、喝破道場での日々の生活の中で起こったさまざまな出来事について、それらにまつわる想い出や、私が率直に感じたことなどを、ランダムに随筆させていただきたいと思います。

喝破道場は「雑居家族」

——生き場所にも死に場所にも

●「あの和尚さんなら引き受けてくれる……」

平成二十年正月三日午後一時、三十代の若い夫婦に伴われて五十代後半の女性が来山されました。

その女性は昨年大晦日《おおみそか》の夜に大量の睡眠薬を飲んで自殺を図《はか》り、たまたま訪れた友人夫妻に発見されて病院に搬送《はんそう》され、一命を取り止めたそうです。

常時鬱病《うつびょう》の薬を飲んでいたこともあり、担当医が「精神病院に入院させたほうがいい」とつき添った夫妻に告げたそうです。

入院してしまったらもう回復しないと考えた夫婦は、彼女を受け入れてくれるところはないものかと考えたそうです。

「そうだ、昔、私が小学校の頃に習っていたソロバン教室に喝破道場の和尚さんが来て話をしてくれた。道場へ坐禅に行って棒で叩かれたこともある。あの和尚さんなら引き受けてくれるだろう……」

と奥さんが言ったそうです。

一瞬、なんと返答してよいか困惑しましたが、うれしくもありました。

死に場所を探して来た人々

ふり返ってみると二十年以上も前の話しですが、夜坐《やざ》の最中（午後八時頃からの坐禅）に一台の乗用車が坐禅堂前に止まりました。

訝《いぶか》しく思って車の窓越しに声を掛けると窓が開き、中には中年夫妻と、小学三年生位を筆頭に母親に抱かれた乳飲《ちの》み子を入れて三人の子どもたちがいました。

「どうかされましたか？」

と声を掛けますと、

「ここは坐禅ができるのですね」

とのこと。

部屋に案内してよくよく事情を聞いてみると、木工関係の事業が倒産して債権者に追われ、家族五人が数日前から死に場所を探していたとのことです。

昨日も日中は子どもたちと遊園地で遊び、夜になってから山中に入って車のマフラーにホースを繋《つな》いで室内に入れて一家心中を図ったが、異常な雰囲気に怯《おび》えた子どもたちが泣き叫んだために中止したそうです。

「どうせ死ぬのだから明日にしよう。ここは五色台《ごしきだい》だから喝破道場に頼んで一夜だけ泊めてもらおう」

ということで立ち寄ったとのことでした。

その事情を聞いてしまっては、「ああそうですか」では済まされない。

結局、債権者関係や親族の方々と話し合いの場を持ち、ご主人は道場より和尚の知人が経営するゴミ収集の仕事に従事し、三ヶ月ほど後に市内で住宅を借りて、一家五人が狭いながらも生活できるようになりました。

●喝破道場は「かけこみ寺」、そして「雑居家族」

一般の住宅では一家五人を引き受けることは不可能でしょうが、喝破道場は自給自足ですので、貧しくて粗末な食物ながらも生活は可能です。

つまり世に言う「かけこみ寺」としての機能が辛《かろ》うじて果たせます。

うれしかったのは二十五～六年前の小学五年生の子どもが、和尚と喝破道場を覚えてくれていたことです。

そして「喝破道場なら彼女を受け入れてくれる」と思ってくれたことです。

道場に来てようやく一ヶ月を迎えようとしている彼女は、朝から夕刻まで台所で忙しく立ち働いていて、完全に道場の一員です。

「道場の皆と家族のように過ごせるのがうれしいです……」

と弾《はず》んだ声で話していました。

喝破道場は「雑居《ざっきょ》家族」を標榜《ひょうぼう》しています。ここで生き、そして死んでいってもいい場所なのです。

ハーブ・レモングラスに想う

●心を癒すハーブ

喝破道場では、ハーブの栽培を行っています。栽培をしだしてから、本書が刊行される平成二十年（二〇〇八）で、およそ十二年になると思います。

ハーブに興味を持ったきっかけは、何かの本で「アロマテラピー」という言葉を知ったことでした。それがハーブだと走り読みで納得し、たまたま道路沿いに「ハーブセンター」なる看板を見て店に入り、対応した店員さんに「ハーブをください」とお願いすると、

「どのようなハーブでしょうか」

と問われたので「だからハーブです」と答えると、何やら困ったような表情をして奥に下がり、しばらくすると白衣を着用した薬剤師の店主が分厚い本を手に出てこられました。

「お客さま、実は一口にハーブと申されても、西洋にある多種多様なハーブから日本のシソからヨモギ、ドクダミに至るまでありまして……」

私は恥ずかしさで真っ赤になって外に出たのを覚えています。

そのようなゼロ知識からハーブとかかわりだして、品種も増えてきだした頃のことでした。

当時は若竹学園（喝破道場と隣接して建っている情緒障害児短期治療施設）の園長として勤務していた頃で、たまたま統合失調症のある園生の職業訓練として畑の雑草抜きをすることになったので、ハーブ園の雑草取りをすることにしました。

統合失調症の園生には、特に精神薬の弊害として、身体がだるくて重くて眠くて労働に集中できない傾向があります。彼の場合も投薬の関係で作業時の持続時間は平均十五〜二十分程度でした。

ともに草抜きをしていたのですが、急な来客があり、彼に作業を継続するように言って私は場所を離れました。

十分程度で終えるつもりの話が三十分を超えてしまい、大急ぎでハーブ園に向かいました。たぶん作業に飽きた彼は、すでにハーブ園にいないのでは……と思いつつ。ところが彼は黙々と作業を続けていたのです。「A君ごめんね、じゃあ学園に帰ろうか」と言うと、彼は言うのです。

「和尚さん、もっと作業をしたい……。何だか心が落ち着く」と。

私はこのとき、初めてアロマテラピーの効果を確信したのです。

普通の健康人にとってハーブは単によい香り・よい味という程度のものであっても、必要な人にとってはそうでないということを。

●ハーブ栽培への取り組み

喝破道場では平成十八年（二〇〇六）より、本格的なハーブ栽培に取り組むようになりました。そのために平成十七年暮れより、特に寒さに弱い「レモングラス」を越冬させるべくビニールシートで覆《おお》うとともに根や茎《くき》の部分に敷き藁《わら》を被《かぶ》せるなど万全の体制をとりました。

ところが平成十七年末から十八年春にかけては近年にない厳冬と強風で幾度となくビニールが剥《は》がれる事態に見舞われました。

最初はビニールシートの上に古毛布を掛けて防寒としていましたが、強風に毛布が吹き飛ばされるので最後の手段として布団で覆うまでになりました。

その当時、私は横浜の曹洞宗大本山總持寺《そうじじ》で生活しておりましたが、喝破道場に帰れば一番にレモングラスの状況を確認していました。

そして三月、恐る恐るにシートの裾《すそ》を開けて点検してみますと、古い茎に覆われた中から新芽がのぞいていました。

もちろん、管理の不充分さから寒さのために枯れてしまったものもありそうですが、それまでの中で一番多く越冬できたようです。

「レモングラスよ、よくぞがんばったネ」

と心の中で声をかけてしまいました。

動植物ともに必要なのは愛情であり、その愛情さえあればそのときそのとき、何をどのように対応すればよいか動植物自身が教えてくれるのではないでしょうか。

身心一如

●目標を持つと遺伝子が目覚める

五年間を過ごした本山（大本山總持寺《そうじじ》）を乞暇《こうか》（下山《げざん》）して一年が経過した頃の話です。掛かりつけの医師に「その五年間は修行の五年だったろうが、すでに老化を伴《ともな》った五年間でもあったことを忘れないで下さい」と言われてしまいました。還暦《かんれき》を過ぎれば「鍛錬《たんれん》」よりも「健康管理」を優先しなければならないようです。

とは言っても環境に適応するのが私たちの体なので、無理のない鍛錬の継続は必要でしょう。「サムシング・グレート」でお馴染《なじ》みの生物化学者である村上和雄先生が、アテネで開催され

たオリンピックにおいて柔道史上初の三連覇を成し遂げた野村忠宏選手を例に遺伝子の話しをされています。野村選手は祖父から三代目の柔道家だそうですが、彼の三連覇は決して順調なものではなかったらしい。野村選手は前回・前々回と二連覇した後、柔道から一時離れていたそうです。

その彼がカムバックして三個目の金メダルを獲得できたのは、もちろん技術や努力によるものではあるでしょうが、それだけではなく、「明確な目標を持っていれば、必ず壁は乗り越えられ、その重圧やプレッシャーを糧《かて》として頑張りたい」と出発前に語った、彼の精神力の強さがあったからこその偉業でしょう。

子どもの頃から具体的な目標を持っている人は、その願望を実現させる確率が高くなるそうです。

そしてまた日々の訓練により、それに関する遺伝子にスイッチが入ってオンになり、その運動に必要な筋肉が作られて記録が伸びる。

それは眠っていた遺伝子が目覚めた結果である……と村上和雄先生は言われています。

そしてまた、米国大リーグ・マリナーズのイチロー選手を挙げて、次のように言われています。

「イチロー選手が米国の大リーグに行く決断をしなければ、彼の大記録は生まれなかった。

イチロー選手の筋肉や運動神経にかかわる遺伝子の暗号そのものが、日本からアメリカに行って急に変わったとは考えられない。変わったのは、大リーグという世界最高の舞台で、彼の眠っていた遺伝子がオンになったのだと思う。

実はイチロー選手も、かって野球人生最大の危機を抱え、苦しみで眠れない日があったという。それも日本野球界の最高のバッターとしての地位にあったときである。この苦しみも、彼の眠っていた遺伝子をオンにしたに違いない。苦しみも、それを克服できれば、良い遺伝子がオンになることもあり得るのではないか」

喝破道場の生活には、道元禅師《どうげんぜんじ》から七百五十年、釈尊から二千五百年の歴史と実践に裏付けされた、眠っている遺伝子をオンにするカリキュラムと修行に恵まれた環境があります。

現代の物質的に恵まれたぬるま湯的な生活環境の中で、素晴らしい遺伝子を持った若者たちがその能力を活かされないまま、もがき苦しんでいます。

その状態を「ニート・引きこもり」と言います。隠された能力があればあるほど苦しみは深く大きいと思います。その遺伝子をオンにするには「求める心」（念ずる心）が必要なのです。

衣食整いて礼節整う

●衣食と礼節

およそ三十五年ほど前、私は醤油樽《しょうゆだる》を改造したものを住居にして生活していました（本書22ページ写真参照）。

その頃、知人から頂戴《ちょうだい》した雄雌《おすめす》二頭の山羊《やぎ》がいましたが、野生化して繁殖《はんしょく》し、七、八頭に増えていました。

人間様が醤油樽の生活なのだから、山羊どもに住居などあろうはずがありません。だから、山羊を「飼っている」という表現は適当ではなく、むしろ「山羊に乳をもらって、養ってもらっている」というのが正解のような生活状態でした。

道場は山の中ですが、運悪く、お隣は乳牛を飼育して生計をたてておられる酪農家《らくのうか》でしたので、その畑にはよく手入れされて美味《うま》そうな牧草が繁茂《はんも》していました。

食べ物が充分でないわが山羊どもは、大挙して隣の牧草地に押し寄せて牧草を喰《くら》うのです。そのたびに、隣のオッサンに叱《しか》られたものです。

そのとき言われた言葉が骨身《ほねみ》にこたえました。

「山羊が悪いんじゃあない。餌《えさ》を充分に与えられないような状態で生き物を飼おうとする人間が悪いんだ。そんな状態で飼おうと思うな。

『衣食足りて礼節を知る』

と言うが、空腹が我慢できなくなれば仁義も礼儀もあるものか。人間も山羊も同じだ」

と……。

その後、私は山羊を飼うのをやめました。

以前、ニュースで、非行青少年の食事調査のことが出ていました。千葉大学看護学部の調査によるものです。調査によれば、非行に走った少年たちには、朝食抜き・偏食《へんしょく》・栄養不良が多く、朝寝坊・夜更《よふか》し型が大半であるとの結果が出ていました。

同大学の教授の方は、

「毎日の行動・食生活・栄養は、互いに深くかかわっている。これらの核になるのは家族だが、調査した少年たちのコミュニケーションの場である食事に問題があり、それが非行の要因の一つになっているのでは……」

と分析していました。

たとえ質素でも、愛情をプラスした料理を家族団欒《だんらん》で囲む家庭には、非行に走る子どもはいない、ということでしょう。

衣食とは生活そのものであり、いかに生活が豊かでも、愛情の不足をモノで補うことはできないのです。こころの栄養不良の黄信号が食事の好き嫌いとして現われ、衣食・頭髪の乱れとして表われるのです。食事の好き嫌い、衣食頭髪の乱れは秩序の混乱を来《きた》すのです。

モノのあり余る社会現象は「衣食足り過ぎて礼節忘る」の状況を呈《てい》しています。よりよく生きるための、二次的な手段に過ぎない衣食に振り廻《まわ》されている現代人。この衣食を逆手に取って、

「衣食整《ととの》いて礼節整う」

といった生き方を考えてみたいものです。

風呂場に花一輪

●思いやりの花一輪

二十年ほど前の話になりますが、私の心を明るくしてくれたある出来事を紹介します。

それは、とてもうれしいことでした。その日、私は例によって遅い残り湯に入りました。一般家庭のお風呂と比較すれば幾分かは大きい道場の風呂も、二十数人が使用するのでいつも最後の私のときには湯量も少なくぬるくなっています。なかなか温まらないので、なるたけ身体を残り湯に沈めてジッとしていました。

何気なく洗い場の片隅に目をやると、なんと、そこに野菊《のぎく》が活けてあったのです。皆がワイワイと入浴したおりの蒸気でしょう、冷めて今は霧吹きでもしたかのように野菊の全身に光っていました。ほんのひと握りの野菊ですが、浴槽《よくそう》に身を沈めて眺めている私は、一面菊畑の中に身を横たえているかのような錯覚《さっかく》に陥《おちい》りました。

今日の浴司《よくす》（風呂）当番は？　と考えると、高二（当時）のA美ちゃんです。中学二年生のときからの道場ッ子だから尚更《なおさら》に家族同然だが、まだまだ「気がきかん、かたづけができん！」と叱《しか》っていた彼女が……。

翌日、夜の反省会の折《おり》に私は宣言しました。

「今後、浴司当番はどんなお花でもいい、A美ちゃんに見ならって思いやりの心のお花を活けること」

と。

道場ではこの三年ほど前から、トイレで用を足し終えたら必ずトイレットペーパーの頭を三角に折るように義務づけていました。何気ないことではありますが、後から使用する人への思いやりと、

「用便を足させていただきました。有り難うございました」

という感謝の表現なのです。トイレットペーパーの三角は、広島の晴美ちゃんが参禅に来ていた

大学生の頃に実行していたのを知り、感激して道場でも実行することとなったのです。

喝破道場では風呂場に花を活け、トイレットペーパーを三角形に折る……。他に何も覚えなかったとしても、この思いやりの心さえ身につけて帰ってくれればそれでよいのでは、と思う次第です。

仕事に追われてついつい足許《あしもと》が疎《おろそ》かになりやすい昨今ではありますが、多忙であればあるほど、心のバランスが必要になってきます。

「脚下照顧《きゃっかしょうこ》」

決して難しいことではないはずです。

用便を済ませて大きく深呼吸。そしておもむろにペーパーを三角に。そして、一日の心と身体の疲れを癒《いや》す入浴の場に一輪の花を……。

このような精神で、一日一日を大切に生きたいものです。

いま、「生死」考
——二十一世紀を生きるために

●生きるとは、死ぬとは

「生《しょう》を明《あき》らめ死を明らむるは仏家《ぶっけ》一大事《いちだいじ》の因縁《いんねん》なり、生死《しょうじ》の中に仏あれば生死なし、但《ただ》生死即ち涅槃《ねはん》と心得て、生死として厭《いと》うべきもなく涅槃として欣《ねご》うべきもなし、是時《このとき》初めて生死を離るる分《ぶん》あり、唯《ただ》一大事因縁と究尽《ぐうじん》すべし」

永平寺《えいへいじ》開祖道元禅師《どうげんぜんじ》の書き残された『正法眼蔵《しょうぼうげんぞう》』九十五巻より精選編纂《せいせんへんさん》された『修証義《しゅしょうぎ》』冒頭の句です。

仏教を信奉《しんぽう》する者の第一探究は、

「生きるとは、死ぬるとはどう
　いうことか」

と自問自答することです。

仏教では釈尊成道《じょうどう》以来、約二千五百年もの間これを説き続けてきたはずであり、多くの民衆も生死を目《ま》のあたりにした戦乱期（今世紀の世界大戦も含め）には、この問題を真摯《しんし》に受けとめることができたことでしょう。

やがて平和が訪れ、多くは貪《むさぼ》るように享楽《きょうらく》を求め、各々《おのおの》はエゴイスティックな生き方に現《うつつ》を抜かしてきました。

そして二十世紀末。少しばかりの心の安定と大きな科学文化の発展が、平均寿命を八十歳台に引き上げたことにより、老人問題が深刻化しつつあります。

いつの頃からか「死」は「縁起《えんぎ》の悪いこと・禁句《きんく》のこと」として扱われ、それにかかわる僧侶

道元禅師
（福井・宝慶寺蔵）

や葬儀社を無意識のうちに「忌《い》み嫌う」という特別視をしてきてはいないでしょうか。

「生死の中に仏あれば生死なし」の真理が、仏教者の怠慢《たいまん》によって浸透《しんとう》していないために、人々は「生」と「死」を断絶したものとして受け取ってしまうのです。

そのために多くの人たちが「死」に脅《おび》えながら「死」を迎えるようになってきました。

さらに享楽に生きてきた人たちにとっては、そのすべてを失う「死」は地獄の沙汰《さた》でしょう。

「終《つい》の住み家」という言葉を聞くようになって数年になります。

大家族で生きてきた日本人が、祖父母と離れて核家族化してきました。今度は数少ない子どもたちとも別居。核分裂を起こして家族を失った家庭は、名づけて「核単位家庭」とでも言うのでしょうか。

その結果として、老人だけの家庭や一人暮らしの家庭が年毎に増加しており、どこでどのように「死」を迎えるかが今後ますますクローズアップされてくるでしょうし、さらに、

「如何《いか》に死を受容するか」

が問われることでしょう。

「日本には死生学が確立していない」などと言って憚《はばか》らない学者もいますが、笑止千万《しょうしせんばん》です。

仏教の根幹は「生死」にあるのであって、生死を抜きにして仏教を語ることは不可能でしょう。

平和時の現代に、改めて「死」が問題視されはじめてきたのです。

それも、最も死とかかわってきたはずの「仏教」からではなく、癌《がん》の告知問題に取り組む「医療」の現場からでした。

「生死」の問題が解決されない限り、心の平和は訪れないのではないでしょうか。

「業」と刷り込み

●業の擦り切れるまで

十五年ほど前、Ｋさんという方が喝破道場にいました。

Ｋさんは国立大学ドクター課程中退の五十歳前後の人物で、水の分析を長くしていたというだけあって、素晴らしい才能の持ち主でした。けれども、残念なことに、対人関係がまずかったのです。そして喫煙癖《きつえんへき》、それにも増してアルコール中毒でした。

道場を尋《たず》ねてきたときは、それまでのすべてを捨てて生まれ変わろうとしたのでしょう。

われわれ凡人《ぼんじん》にとって最も恐いのは「慣れ」であり、身についた「習癖《しゅうへき》」です。

動物行動学のコンラート・ローレンツ博士は、インプリンティング（刷《す》り込みの原理）といいましたが、習癖はなかなか治らないものです。最初の必死さが持続しないのです。

そして寮生といさかいを起こして道場を飛び出すのですが、考え直して再度来山。しかし他の寮生や職員の手前もあり、喫煙・飲酒を絶つために四国八十八カ所巡拝を勧《すす》めてみたところ、彼は出発していきました。

Kさんが再起の念を強く持って巡拝《じゅんぱい》を終えて、帰山してくるのをどれほど心待ちしていたことでしょうか。

しかしその願いもむなしく、某県の警察署からの電話で断ち切れてしまったのです。

Kさんを挙動不審《きょどうふしん》で連行したら道場の話はするが、酔っていて要領《ようりょう》をえないので……という身元確認でした。

素晴らしい能力を持っていながら、そして平安の日々を希求しながらも実際にはその逆の行動をとっているのです。

自分で自分の首を締《し》めながらも、そのことに気づいていないのかもしれません。

この状態を「業」と言うのかもしれませんが、これより脱する道は、刷り込まれてしまった「業」を擦《す》り切るまでの修行しかないのでしょう。

インドと喝破道場

●「まるでインドのようだ」

十五年ほど前、一週間ほど、テレビの取材班《はん》がこの喝破道場に入ったことがあります。東大名誉教授の故・中村元《なかむらはじめ》先生監修の『仏陀の生涯』という番組にかかわる取材でした。

仏教発祥《はっしょう》の地インドから、シルクロードを経て中国・日本へと伝播《でんぱ》した仏教が、どのような形で息づいているかの取材の中で、喝破道場の生活が選ばれたことに驚きと喜びを感じましたが、喝破道場以外にもっと制作意図に相応《ふさ》わしい所があるのでは、と尋《たず》ねると、監修をして下さる中村先生のご推薦《すいせん》だとのこと。

取材目的は、僧侶五名を中心とした坐禅と自給自足の共同活動にあり、加えてその頃に出家得度した十六歳（当時）の大詮《だいせん》くん、そして関東・関西・九州など各地から来ている寮生の横顔を撮りたいとのことでした。

取材班の人たちは、前知識と現実では相違があって当然ですが、僧侶たちは別として、小学生や中学生といった子どもたちの五時起床・洗面・坐禅・朝課《ちょうか》といったスケジュールに、さぞかし子どもたちは淋《さび》しく悲しい毎日を過ごしていることだろう、という先入観を持って来たらしいのです。

滞在二日目にスタッフの一人が曰《いわ》く、

「われわれにとっても厳しい生活なのに、子どもたちが明るく屈託《くったく》がないのが理解できない。

まるでインドのようだ」

と。

インドでは、貧富《ひんぷ》の差が厳しく下層階級の多くの人々は衣食住《いしょくじゅう》に事欠《ことか》き、そのうえ医療も福祉も皆無《かいむ》に等しいという、日本的生活水準からすれば耐えられない極貧《ごくひん》生活なので、心も荒《すさ》み、不安や怒り、そして粗暴な行為が横行《おうこう》しても当然だとも思うが、それが宗教によるものか国民性なのか判《わか》らないが彼らは明るく屈託がない……とのことです。

日本は敗戦の混乱期を経て世界に類を見ないほどの繁栄を手に入れましたが、本当に幸福なのでしょうか。政治・経済・教育は健全と言えるのでしょうか。

本当に幸せというならば、どうして青少年の非行が低年齢化して犯罪が残忍化したり、ニートや引きこもりの若者が増えていくのでしょう。

おそらくこれは、豊かになったのではなく、モノが巷《ちまた》に溢《あふ》れているだけではないのでしょうか。日本だけではなく、世界の先進国といわれている国の国民の心が荒んできているといわれているのはどうしたことでしょうか。

モノのみでは豊かさが本物の豊かさではないということが、多くの犠牲のうえに立証されているのではないでしょうか。と言っても、心ばかりの豊かさも真の豊かさではないでしょう。モノと心の均衡《きんこう》が取れた状態こそが、真の豊かさといえるでしょう。

現在の先進国は、モノが豊か過ぎるゆえにモノに押し潰《つぶ》され、心が瑞《あえ》いでいるのかもしれません。その意味からすると、モノのない道場はインドと同じくモノと心のバランスがほどよく取れているのかもしれません。

生きがいと死にがい

――岸教授を追悼して

●「今しなければならないこと」をされた岸先生

喝破道場の評議員で、香川大学教育学部教授だった岸純子先生が他界されたのは平成四年八月三十日、夕刻迫る頃で、享年五十六歳でした。

岸教授との出会いは、教授が主宰するモダンバレエ「土曜族」に招待いただいた三十年ほど前に遡《さかのぼ》りますが、以来、「カッパのサバイバル訓練」（本書44ページ参照）など、道場の存在に大きくかかわって下さいました。

「岸教授死す」の報は、大学での教え子や教授のかかわっていた関係団体を通して瞬《また》く間に知れ渡っていきました。

五十六歳という若さと、その溢《あふ》れる才能を惜《お》しんでか、いろんな噂《うわさ》が飛び交《か》いもしました。

しかし岸教授の死因は、心不全《しんふぜん》による転落でした。

葬儀のあと、ある会合の席で喝破道場と教授のかかわりを知るYさんが、「岸教授はさぞ無念の思いで亡くなったでしょうネ」と問うてきました。

教授の亡くなられた概略は、先の台風の折《おり》にどこからか飛来したビニール袋が、教授の生活するマンションの十階ベランダに取りつけていたTVアンテナのコードに引っ掛かり、そのビニール袋を取り除こうと高さ一メートル余の防護棚壁《ぼうごだなかべ》に立ってビニールを取り外した瞬間、心不全をおこして約三十メートル下に転落したということです。

その年の夏休みの大半を道場で過ごされた教授からは、たくさんのお話をうかがいました。

新学期が始まったら大学でこのようなことがしたい。あれもしなくちゃあ……と。

それをそのまま受け取ると、やり残したことが余りにも多いだけに、無念の死であったと言えるかもしれません。

しかし人間の多くは、目標の半ばにしてこの世を去っていっているのではないでしょうか。

私の師は、私が道場建立《こんりゅう》の悲願を話したとき、

「やってみろ。しかしどんなに努力しても道場が立たないこともある。今までの何千年という歴史の中で幾千人という僧侶が道場建立を志《こころざ》し、その半ばにして死んでいったことか。しかし建たなくてもよいのだ。本当に大切なことは、その志《こころざし》を持って努力した、ということだ」

と言って下さいました。

人は大きな目標のためだけに生きているのではありません。

大切なことは、今しなくてはならないことに全力投球することではないでしょうか。

岸教授は、今しなければならないこととしてアンテナのコードに引っ掛かったビニール袋を取り除くことに命をかけたのです。

そして地上三十数メートル上で目的のビニール袋を取り除いて、しっかりと握りしめたのです。

それ以上に何が必要なのでしょうか。

「愛」を問い直す

●「あえて溺愛しない」という愛情

「喝破道場」の名づけ親であるW先生は、享年《きょうねん》九十四歳で逝去《せいきょ》されました。

W先生には醤油樽《しょうゆだる》小屋時代の道場草創期より、物心《ぶっしん》両面で支え育てていただいた恩義があります。

著名な先生ではありましたが、孤高《ここう》で人嫌いな人物、という世間の評価とは異なり、実像の先生は愛に深く、私のような乞食坊主にも当時の県知事と同等にもてなして下さるお人でした。

そのW先生のエピソード。

「一人っ子のMはワシが六十幾つのときに産まれた子どもでなあ、考えてみたらMが二十歳になったらワシは八十代じゃ。果たしてワシは生きておるじゃろうか……。そう思うとなおさらMがいとおしいてのう。いつもこの手で抱いていてやりたい。Mの欲しいものは何でも与えてやりたい、とそう思うた……。しかしあるとき、Mの寝顔を見ながらフッと思うた。ワシがこの子を溺愛《できあい》したらこの子はワシになつき、片時もワシから離れんようになるやろなぁ。そしたらワシはなおさらこの子がいとおしくなるだろう。しかしワシの年を考えるとMが二十歳代でワシはこの世を去らねばならん。ワシが死んだら、愛が深ければ深いほど悲しみも大きい。ワシが死んだときのMの悲しみを思うと気が狂いそうになる。ワシはどうMとかかわっていけばよいのか……。

そして結論はMに冷たく接し、Mがワシを嫌うことだ、と考え、そして今まで接してきた。

大燈、どう思うか？」

W先生の遺言は「ワシの葬式はするな」でした。

しかし一般常識として、これほどに著名なW先生の葬式をしないということは立派な葬式をすることよりもさらに難しいことで、先生の遺言は守られないだろうと思っていました。そして先日、W先生の入院先のM君からW先生危篤《きとく》の電話が入りました。そこに呼ばれたのは私を含めた

三名だけで、M君は、

「父の遺言通りに致します」

と予て《まえもっ》用意した柩《ひつぎ》にW先生の遺体を移し、四人でライトバンの商用車に乗せてそのまま自宅に戻りました。

その間、M君は実に冷静でむしろ涙を誘うものがありました。

「W先生、先生が考え実行したことは間違いではありませんでした。Mくんは先生亡き後もしっかりと自分の足で歩いていけます」

通夜《つや》をM君から早めに追い出された私は、電灯の灯《とも》る先生とM君の二人っきりの家に向かって静かに合掌しました。

子を思う「愛」とは、子の欲しがるものを与えてやまないものでもありましょうが、その反対に与えないのもこれまた「愛」なのです。

しかし、与えることよりも、意識して与えないことのほうが難しく苦しいことです。

今、親の愛を見直したいと痛切に思う次第です。

偲びの月

かつて喝破道場に、C君という子がいました。そのC君に想いをはせての随筆です。

●人気者だったC君を悼み、法要を行う

日本のお寺は、一般に葬儀や法事を盛んに行いますが、四～五軒ほどの檀家《だんか》しか持たない喝破道場にとっては、そういった宗教行事はついついなおざりになりがちです。

そんな道場にも、十数年前から定期的に営む法要があります。

C君の命日前後に必ず来山されるお母さんや、そのご家族を中心とした小さな営みです。

横浜生まれで横浜育ちのC君が道場で過ごしたのは、わずか四ヵ月ばかりでしたが、正義感が

強くてよく気のつく彼は道場の人気者でした。

一時は「道場の職員に」という話も職員間で出たりして彼も迷ったそうですが、結論として下山《げざん》を選択しました。

私が横浜で推薦《すいせん》した仕事は「和尚に迷惑をかけるといけない」と言って、結局自分で探してきたトビ職の仕事につきました。

時折電話もありました。下山した翌年の六月中頃には、

「オレ、今年のサバイバル訓練に参加するからスタッフにしてよ。金はおふくろが援助してくれるからさ……」

との連絡があり、C君サバイバル参加！　の報は一瞬にして全員の知るところとなって、一ヶ月後のサバイバルの雰囲気はいやが上にも盛り上がってきました。

そんな矢先に、C君のお母さんから震える声で電話が掛かってきました。

霧の夜の帰宅途中にバイクで電車に激突、即死の状態だったという……。

平成二年六月二十一日。

C君弱冠十六歳の生涯でした。

数ヶ月後、遺骨となって道場に帰ってきたC君の法要が法堂で行われましたが、完全に暗《そら》んじ

ているはずの『般若心経《はんにゃしんぎょう》』が、道場僧侶も含めての嗚咽《おえつ》のために読経《どきょう》になりませんでした。

そんな法要に対して、お母さんが言ってくれました。

「こんなに心のこもったお経をあげて下さってありがとう。Cはきっと大喜びをしていることでしょう……」

それから六年が経過した頃、お母さんが言いました。

「七回忌の来年は、道場で一緒だったY君も来てくれるのよ……」

そんな話から、明くる年のC君七回忌には、当時ともに修行していた全員に声を掛けてみようということになりました。

道場内で撮ったスナップ写真やサバイバル参加者の名簿を頼りに、少しでも多くの元寮生に集まってもらおうと、ふり返りふり返りしながら下山するC君の家族を合掌で見送りながら考えました。

その日の夜の反省会で、道場生活十二年目（当時）の職員Dさんが言いました。

「元寮生で亡くなっているのは、徳島のE子ちゃんが心臓病で、そして同じ徳島のY君は自殺……。地元のM子ちゃんは爆走による事故死……。他に調べればまだまだいるはず。和尚さん、道場に縁があって亡くなった人たちの追悼法要をやっては……」

死者を悼《いた》む優しい気持ちを持つ人々が集まったこの喝破道場は、違《たが》うことなく立派な「お寺」なのです。

第五章

大人たちに喝！子どもを正しく育てよ

本書のあちこちで申し上げていることですが、不登校や非行、ニート、引きこもりになってしまった子どもたちや若者たちは、なぜそのようになってしまったかと言うと、それは家庭内での親のしつけが正しくなされなかったことに大きな要因があると、私は思います。

この章では、子どもに対して大人は毅然とした態度でしつけを行うべきということ――例えば、叱るべきときはちゃんと叱るべき、ということなど――をテーマとして、さまざまな出来事を例に挙げつつ、述べさせていただきたいと思います。

家庭内教育の大切さ

——与える義務・与えない義務

●「わが子とどう接してよいかわからない」という若い親たち

広島県の福山で講演をさせていただいたときのことです。

聴講されていた方たちの中に、長らく公民館に勤めていたという方がおられました。

その方は講演会の最後の質疑応答の際に挙手されて、

「若いお父さん・お母さんと接する機会があってさまざまな話を伺いましたが、『幼いわが子とどんなふうにかかわったらよいのかがわからない』ということをよく言われます。私は若い両親がどのようにわが子と接すればよいのかを幼児教育の本としてまとめたいと思っているが……」

とのお話でした。

ぜひとも一冊の本にまとめていただいて、子育てに迷う若い保護者のマニュアル本として世に出してほしいと思いました。

子育ての基本は家庭教育にあるのは当然なのですが、その対応がわからなくて逆の対応をしていることがあります。

家庭教育の目的はわが子の「自立」にあり、やがては親元を離れての大学進学や就職、そして社会人として自己責任の上で生活できることだと思います。

そのことを頭においておけば、さまざまな出来事がそのまま自立のための訓練として受けとめられるようになるのではないでしょうか。

法律的にも幼いわが子を養護養育する義務がありますが、とは言っても欲しがるものをすべて与えるのではなくて、いつの場合も「自立」をキーワードとして判断すればよいと思います。

「与えない愛情」の大切さ

例えば、小学三年生くらいになれば、本人の好む目覚まし時計を買い与えます。そして自分で起きなければならない時刻を自分でセットさせて自分で起きる習慣を持たせます。

このことを通して「自己責任」を涵養《かんよう》させていくのです。

この場合もよくあるケースとしては、目覚ましが鳴っても起きようとしないわが子を幾度も起こしに行くことです。

当初は自分でセットして自分で起きていたものが、何かをきっかけとして起きなくなることがあります。すると登校に遅れるなどの心配から声掛けをして起こしてしまいます。すると、目覚まし時計で起きられないときは起こしてくれる、と学習するのです。数度くり返すことで完全に目覚まし時計のみでは起きなくなってしまいます。

そして「どうしてちゃんと起こしてくれないんだ。遅刻しちゃうじゃないか」などと本末転倒したことを言い出します。

それに対して「ゴメン、ママが悪かった……」などと謝ってしまうケースもあります。もうその時点で目覚まし時計は会話にものぼりません。徹底して目覚まし時計にこだわることこそが「時間管理」を通しての自立の第一歩です。

「目覚まし時計を使ってちゃんと自分で起きないと登校に遅刻して恥ずかしいし、同級生に迷惑をかける……」

という自覚が生まれ、それを徹底できるようになったなら、その子は一生の宝物を手に入れたのと同じでしょう。

問題は、いかにすれば目覚まし時計一つで起きられる習慣が身につくか、でしょう。与えるのみが愛情ではありません。むしろ与えない愛情のほうが栄養価が高い場合も多いのです。

たかが目覚まし時計、されど目覚まし時計です。

叱る！

子どもを叱るのは大人の義務

ある雑誌のコラムを読んでいて、考えさせられる箇所《かしょ》に出会いました。

それは電車の中での出来事で、小学一年生くらいの男の子とその母親が席に腰掛けていました。

電車内が空《す》いていたせいもあり、やがて、その子どもは吊革《つりかわ》にぶら下がって遊びを始めたのです。最初のうちは遠慮がちに遊んでいましたが、母親が叱《しか》らないせいもあり、だんだんに勢いがついてきて、ブランコなどをするようになったのです。

さすがに見かねた母親が息子に言いました。

「Tちゃんがそんなことすると、隣のおじちゃんに叱られますよ」

すると隣に坐っていた、おじちゃんと言われた男性が、

「私は叱りませんよ。叱るのは母親であるあなたの役割でしょう」

これと似たような場面にはよく遭遇《そうぐう》しますが、まず第三者であるわれわれが、この男性のような毅然《きぜん》とした態度がとれるでしょうか。

他人の子どもだからかかわりのない者の口出しするべき問題ではないし、うるさくて仕方がないが、注意して母子に嫌われるのが嫌だから。あるいは注意をしたいと思うが、周囲の人が自分のことをどう思うか、と考えると億劫《おっくう》になるので……などなど、他人の子どもを叱るのは難しいことです。

では、自分の子どもなら叱るのに抵抗がないのかと言えばそうとも言えません。先刻の母親と同じく、それが例えわが子であっても嫌なことなのです。だから、

「お母さんはあなたがどんなことをしても叱らないけど、他のおじさんやおばさんが叱るのよ。ほんとに嫌よねえ」

ということになってしまうのです。

例え愛しいわが子に嫌われてもいい、この子が正しく生きてくれるなら！　という覚悟が必要

ではないでしょうか。

●子どもに嫌われることを恐れるな

これからの教育は、他人の子・自分の子という枠《わく》を取り払った、

「みんな自分の子」

の意識で取り組む必要があると思います。

先日、某駅前を車で通過しようとしていると、学生服姿の男の子がくわえタバコで歩いていました。日中のことなので人通りも多かったのですが、誰一人としてその学生服姿のくわえタバコを咎《とが》め立てする者はいませんでした。

私は車を止めてドアを開けながら怒気《どき》荒く叫びました。

「中学生がタバコを吸うとは何事か。そこを動くな！」

彼は一瞬こわばった顔を私のほうに向け、タバコを棄《す》てるや否や脱兎《だっと》の如くに逃げ去ったのです。

私も人の子、嫌われたくはないが「みんな自分の子」の思いで接してこそ大人の心が子どもに通じてくれるのでは。

慈悲なきに似たり

●子どもたちに「善悪の判断と恐いもの」を教えよう

所用の折《おり》に警察の取り調べ室に入ったことがあります。驚いたのは、そこにある机に記された無数の落書きです。

「○○中学校の△△だ。文句のある奴は□□番に電話しろ」

「××中学の＋＋です。少年院に行きます」

もちろん、実名で記されていました。法律的にいうと明らかに器物破損《きぶつはそん》でしょう。それも法律を取り締《し》まる警察の中で……。

当然のように当喝破道場の反省室にも無教の落書きがあります。

最近では、「家で子どもが暴れて困っているので連れに来てくれ」という電話があったり、電話だけではなく、両親そろって相談に来山《らいざん》したりします。子どもの暴力や行状《ぎょうじょう》を涙ながらに訴える人もあります。

還暦《かんれき》を過ぎた私にも、恥ずかしながら恐いものがいくつかあります。

一つ目は母親。二つ目は師匠。三つ目は警察です。

しかし現代っ子には一つとして恐いものがない、と言われていますが、それは無体験、無知識からくるものではないでしょうか。

子どもたちに善・悪の判断と恐いものを教えるのは、われわれ大人の大切な任務ではないでしょうか。

●「あえて鹿を打つ」というような慈悲の在り方

『父母恩重経《ぶもおんじゅうきょう》』というお経の中に、

「二歳、懐《ふところ》ヲ離レテ始メテ行ク。父ニ非《あら》ザレバ火ノ身ヲ焼クヲ知ラズ。母ニ非ザレバ刀ノ指ヲ落スヲ知ラズ……」

（二歳の赤ん坊は母の懐を離れてよちよち歩きを始めるが、火や刃物の恐さをまだ知らないので、父母が教えてやらなければならない）

とあります。

また、『正法眼蔵随聞記《しょうぼうげんぞうずいもんき》』の一節に、以下の文章がみえます。

「昔、恵心僧都《えしんそうず》、一日庭前に草を食する鹿を人をして打ちおはしむ。時に人あり、問うて云《いわ》く、『師、慈悲なきに似たり。草を惜《お》しんで畜生《ちくしょう》を悩ます』。僧都云く、『我れ若《も》し是れを打たずんば、この鹿、人に馴《な》れて悪人に近づかん時、必ず殺されん。この故《ゆえ》に打つなり』と。

『鹿を打つは慈悲なきに似たれども、内心《ないしん》の道理、慈悲余れること是《かく》の如く』と……」

師は、草が惜しくて鹿を打つのではありません。このまま放っておいて鹿

恵心僧都

が誰にでもなつこうものなら、いつの日か悪い人に殺されてしまうときがくるでしょう。鹿を打つのは鹿のことを思えばこそなのです。

さてさて、現代にかえって、

「善悪の判断と恐いもの」

を教えない大人と、それらを知らない子ども。子どもが悪いのか大人が悪いのか。

苦　言

●苦言を言ってくれる人は、本当の慈悲のある人

錬成会館《れんせいかいかん》建設のための募金活動をしていたときのこと（平成元年頃）。世話人の方から、次のように尋《たず》ねられました。

「和尚さんには、あなたを叱《しか》ってくれる人がいますか？」

と。私は一瞬、数名の人の顔が脳裏をかすめ、「います」と答えました。

するとかれは、

「そうですか、そんならこの錬成会館、建ちますネ」

とおっしゃったのです。

とは言ってもその当時私は年齢四十四歳、出家して十五年で、それなりに社会的にも認められてきており、その上、人里離れた山中の小さな道場の道場長、まさにお山の大将、井の中の蛙《かわず》の私です。そんな私に口に出して叱り、苦言《くげん》を呈《てい》して下さる方は少なかったと思います。

「良薬は口に苦くして病に利あり、忠言は耳に逆らいて行いに利あり」

とは孔子の言。

誰しも自分のとる行動や言動は正しいと判断してのことでしょうから、自分の行動は善で、他人の干渉《かんしょう》は悪と感じます。叱られること、苦言は耳を覆《おお》いたくなるし、反発もしたくなるでしょう。これは今の世も太古も変わりはないようです。

しかし、立場を替えてみるとどうでしょう。

相手が決して喜ばない、むしろ気分を害すると判《わか》っていても言わなければならないこともあります。その立場と心情……。

もしかするとこれまでの彼との人間関係・親子関係まで壊れることになるかも知れません。こう考えれば、苦言のストレスは聞くほうよりも呈する人のほうが大であると言えるかもしれません。

嫌われようがどう思われようが、その人のために苦言を呈することができる人、このような人こそ勇気ある人、慈悲の人と言えるのではないでしょうか。

野田大燈も、そのような方が存在する限りは道を踏み違えないことでしょう。

昔、ガキ大将を中心に、数人で他人様《ひとさま》の柿を盗もうとしたことがありました。悪いことをしている、という意識があるので見張りもつけてかなり注意深く行動したつもりでしたが、

「コラ!」

という怒声《どせい》とともに、物陰《ものかげ》から見知らぬオジさんがヌッと出てきたのです。

ガキ大将を筆頭に、シュンとして長いお説教を聞きました。

今、時代とともに人情も変わったのか、実の親ですら間違った行動をとるわが子を叱らなくなりました。ましてや他人の子どもが法に触れるようなことをしていても素知《そし》らぬ顔をする人が多いのです。

そのことが自分自身を、日本人を駄目にしてきているのではないでしょうか。

そうすると、苦言とは相手に嫌われる可能性の苦しみを内に秘めて相手のために言うこと。

叱るとは、あえて口に怒気《どき》を含んで相手を戒《いまし》めること、のようです。

姿勢の歪みは心のねじけ

●背中を伸ばすと、心も真っ直ぐに伸びる

「胴《どう》まくる話し聞く癖《くせ》つきおりぬ心ねじけてきたるか吾《われ》は」

右の短歌は、私が二十六〜七歳の頃に作ったものです。上手下手は別にして、当時の私の心境を吐露《とろ》したものとして自己評価している一首です。

出家しておよそ三十五年になりますが、求道《ぐどう》の念においては今よりも当時のほうが勝っていたのではないかと悲しく思えることもあります。

年々歳々《ねんねんさいさい》少しずつ心がねじけてきているのでしょうか。

僧侶になって剃髪《ていはつ》して、形ばかりに執《とら》われて本当のところが見えなくなってきたのでは……。ハッと気がついては背中を伸ばす私です。

子どもたちと生活してみて、これだけは間違いない、と確信を持って言えることが一つあります。

それは、姿勢の歪《ゆが》んでいる子どもたちは心に問題がある、ということです。

嫌われることを恐れず、大声で叱る

喝破道場では、姿勢をうるさく言っています。坐禅のとき、食事のとき、勉強のとき……。子どもたちは私と目が合うと無意識に背中を伸ばします。

幾度も幾度も言われるほうも嫌でしょうが、言うほうはさらに嫌なものです。注意しなくていつもニコニコしているほうが子どもに人気も出ましょう。

子どもたちに嫌われたくもありませんが、でもやはり子どもたちの将来のことを考えて、自分を励まして大声で叱《しか》るのです。

するといつの間にかどうしようもない奴と諦《あきら》めそうになっていた子どもの姿勢がいつのまにか、

スックと伸びてきました。

「こいつも伸びた。あいつも伸びた。こいつはまだまだかかるなあ……」

子どもたちの坐相《ざそう》を直して廻《まわ》る坐禅の時間。子どもの姿勢を見て、改めて自分の姿勢をふり返ってみる昨日今日です。

さわやかな嫌われ人になれ！

●本当の「思いやり」を持て

某社の入社式典に列席した時のことです。

二十数名の新入社員が、一人ひとり自己紹介をするくだりとなりましたが、全体として話が聞き取れません。声が小さいのです。それに対して居並ぶ会社の重役方は、終始《しゅうし》顔に笑みを浮かべ誰ひとりとして注意する気配もありません。

来賓《らいひん》という立場の私にスピーチが回ってきました。

次のようなことを、新入社員の皆さんに向かって申し上げました。

「私の少年時代、つまり三十年ほど前までは『頑固《がんこ》じじい』とか『うるさい人』と言われていた人たちが近隣に必ずいて、自ら嫌われ役を演じてくれていたのです。

人は誰しも他人から嫌われたくはありません。むしろあの人はいい人だ、とプラス評価されたいものです。そのために、正しくないことまでついつい黙認《もくにん》してしまう傾向があります。

躾《しつけ》・教育においても同じことが言えます。

しかし、これからの日本を考えるとき、社会が本当に必要としているのは、自ら嫌われ役を演じてくれる人ではないでしょうか。

二十一世紀は『心の時代』だと言われています。急激な科学文明の進歩に対して、そのソフト部分とも言える人間性、つまり『思いやりの心』が後退してきているのではないか、という危惧《きぐ》からかも知れません。

『思いやり』とは何か。それは自己中心的でない、ということです。

例えば、先ほどの自己紹介はいかがだったでしょうか。話をする場合、このくらいの発声で全員の人に聞こえるだろうか、と考えて話をされた人が幾人いたでしょうか。残念ながら多くの人が聞き取れなかったと思います。せっかく話をしても、聴衆《ちょうしゅう》があなたの人間性に不安を抱いたのでは話したことが逆効果になります。

相手に理解してもらうにはどう話せばよいか……これも『思いやり』の心だと思います。学生生活ではそれで通用したかもしれませんが、社会では許してもらえません。教わらないことはできなくて当然です。でも教わったことは自分のものだけにするのではなく、まだ知らない人にも教えてあげて下さい。

できない・知らない人の行動を心の中で軽蔑《けいべつ》したり苦々《にがにが》しく思うだけでは、『思いやりの心』があるとは言えません。

『嫌われてもよい』という気持ちで相手に接するとき、初めて相手にこちらの真意が通じるのではないでしょうか……」

——なれるだろうか、さわやかな嫌われ人に……。

厳しさを求める子どもたち

●「なんでも手に入る」はかえって苦しみを生む

神奈川県下の某県立高校の先生と旅行社の方が、喝破道場に来訪されたことがありました。四国への修学旅行の際、生徒たちに、ぜひ坐禅を組ませたい、という主旨で下見されたのでした。金刀比羅宮《ことひらぐう》や善通寺《ぜんつうじ》、屋島《やしま》、小豆島《しょうどしま》などへの通常の観光の他に、その間の一時間少々の時間を生徒たちに坐禅を……と言うのです。

従来、修学旅行と言えば歴史や文化にまつわる場所や建造物、そして風物風光《ふうぶつふうこう》を観《み》て回るものと相場が決まっていましたが、「坐禅」となるともうその範疇《はんちゅう》ではないし、また、この頃流行の

「○○体験学習」の一言で片づけてしまえないものがあるのではないでしょうか。

しかし、欲しいモノはなんでも手に入る、自由を謳歌《おうか》するはずの現代っ子たちが、「厳しさ」を求めていると言うのです。現場の先生だからこそ判《わか》ることかも知れません。

不自由の中で育った大人たちは自由を求め、今もって飽《あ》くことなく追い続けています。しかし自由の中にトップリ首まで浸《つか》って育った者は不自由を求め、厳しさを欲するのでしょうか……。

イジメ問題について、某県のある小学教諭《きょうゆ》はクラスの子どもたちに「なぜイジメるのか?」と質問したと言います。さまざまな反応の中に、

「ナンでも思い通りになることにイライラしてイジメる!」

と答えた子どもがいたそうです。

今もって自由を求めている古い大人たちには判らないでしょう、この子どもたちの地獄の苦しみが……。

私は道場を訪れるであろう遠来の高校生たちに、涙に濡れながら警策《きょうさく》をふるいたいと思いました。辛かったろう、苦しかったろう……と。

子どもたちには、単なる観光の修学旅行ではなく、「心の観光」をしてほしいと思いました。

育児は育自

――「子どものために」と言うな

●子どもを通して成長させてもらう

お預かりしている子どもを通して、家族の方や受け持ちの先生方とのおつき合いが始まります。

「Aちゃんが喝破道場で朝五時から起きて頑張っているから、お母さんたちもAちゃんと一緒に修行しているつもりで五時起きで頑張っています……」

「B君、頑張っていますか。お父さんは今までの不規則な仕事を辞《や》めて、夕方にはお家に帰れる仕事に変えました。B君が生まれ変わって帰ってくるのを待っています……」

もちろんこのような暖かい励ましの手紙が届くのは少ないし、誰からも、何の音信《おんしん》もない子どもいます。

たった一枚の葉書のたどたどしい文字でも、子どもにとってはどれほどうれしく力づけられることでしょう。

H君という子が道場にいたことがあります。そのH君には、担任の先生から、まさに毎日葉書が届いていました。

ある日、郵便受けから取り出してフト見ると、百五十一回目の便りでした。道場に来てからが三十通としても、それ以前に百二十通の便りを出していることになります。

その先生の手紙に混じって、母親からも週に一～二度手紙が届いていました。

「お母さんは今までに誰にも一度も手紙を書いたことがありませんが、担任の先生に励まされてH君に手紙を書きます……」

当初は子どものために、とか生徒のために、と思うかもしれませんが、そうではないことに必ず気がつくはずです。子どもを通して成長させてもらっているのは、実は自分自身だったと必ず気がつくのです。

「子どものために」と言ってはいけません。子どもがいたからこそ、多くの気づきをさせていただいているのではありませんか。

親の在り方

――木に立って見るの心

●自立心を育てる教育を

母子家庭・父子家庭そして継《まま》家庭が欧米並みに増加しつつある現在、子育ては大きな問題を提起されています。

戦前戦後の混乱時期は「喰わんがため」が最優先で、とても子弟の教育どころではなかったと聞いています。

したがって子どもたちも親を頼りにできないので、自分のことは自分で処理する「自立心《じりつしん》」が必然的に育ったのでしょう。皮肉なことですが、教育をしないことが「教育」になっていたのです。

日本は現在、知的レベルも経済的レベルも世界の先進国と評価されるほどにはなりましたが、子育ての面においては後進国に成り下がってしまったのではないでしょうか。

現代ッ子に欠けているもの、「忍耐力」「協調性」「おもいやり」のどれをとっても家庭教育で育《はぐく》み、成長させてゆくべきものです。

ある本の中で、「親」という字を三つに分割すると、「立」「木」「見」となり、

「木の上に立って子どもを見ているのが親」

だとか。

ことあるごとに木の上から降りてきては過保護《かほご》・過干渉《かかんしょう》で子どもに接し、口で自立を唱えても自立人間が育つはずがありません。

決して木から降りずに、常に木の上にあって子どもの成長を見つめている親……。

高齢化時代に加えての小子化時代という経験したことのない中で、四人に一人は老人、一人は癌《がん》患者、一人は認知症の老人、それをたった一人の働ける人が面倒をみる時代になるとか……。

その「他人の面倒をみる」教育は、果たしてなされているのでしょうか。

お盆の時節

――親と子を考える

●親は子どものために「餓鬼」になることがある

毎年、お盆の時節がやってくると、「民族大移動」が起こりますね。多くの人が、マイカーに乗り、あるいは新幹線・飛行機を使って、故郷に帰省するのです。お釈迦さまは「親族の蔭《かげ》は涼しい」と言われましたが、時代を超えた名言であると思います。

この民族大移動は、お釈迦さまが説かれたとされる『盂蘭盆経《うらぼんきょう》』というお経に由来するものだそうです。

『盂蘭盆経』の主人公である目連尊者《もくれんそんじゃ》（お釈迦さまの高弟）は、大の親孝行者。修行の甲斐《かい》あって悟りを得ました。誰よりも最初にそれを報告したかったのは、今は亡き「母」でした。

どこの誰よりも自己を犠牲にして、自分のために尽くしてくれた母。子どもに尽くした功徳《くどく》によって、当然、死後は極楽《ごくらく》世界で楽しい生活を送っているはずの母……。

ところがなんと、目連尊者の母は、極楽とは正反対の世界である「餓鬼《がき》」の世界に生まれ変わって、飢《う》えと渇《かわ》きに苦しんでいたのでした……。

目連尊者は驚きます、「あんなに子どもの自分に優しかった母が、なぜなんだ！」

なるほど、子どもには優しくて気前のいい母でしたが、その経済的裏づけのために、随分と悪どいことを重ねてきたようです。自分はどんな制裁《せいさい》を受けようとも、愛しい目連さえ幸せであってくれれば……。

その結果が餓鬼の世界でした。自分の子どもが幸せになるためなら、他人が不幸せになってもよい、という理論は成り立たないのですが、子を想うあまりに真理に暗くなるのでしょう。

子を持てば、誰しもその共通した罪を背負うのかもしれません。

「お盆」は、子どものために親がつくった罪を償《つぐな》う行事なのかもしれません。

ちなみに孟蘭盆とは、「逆《さか》さ吊《づ》りにされたほどの苦しみ」とか。親になるにはそのくらいの覚悟が必要のようです。

親が変われば子も変わる

自己保身する親

子どもさんをお預かりすることを始めておよそ三十年になりますが、多くの人が言うように、子どもたちが変わってきました。

しかしよく考えてみると、子どもたちが変わったのは、子どもたちを取り巻く環境が変わったからです。

環境につれて子どもが変わってきたのであって、子ども自体は少しも変わっていないのではないでしょうか。

そのような思いで新聞を広げると、大人のエゴと欲望が満載《まんさい》されているような気がしてなりません。

それらに見馴《みな》れてしまうと、悪が悪に感じられなくなってしまうから恐ろしいものです。悪は悪とし、善は善として大きく叫ぶ必要があるのではないでしょうか。にもかかわらず悪を悪と理解していても黙して語らないことがあります。

その理由の一つに、

「嫌われたくない！」

という自己保身《ほしん》が働いているのも確かでしょう。

すると、変わらなければならないのは、子どもの前に親自身、大人自身であるように思えてならないのです。

喝破道場の活動の中で、親や大人について、多くのことを学ばせていただいております。

その最たるものが、自己保身のために黙してしまうことと、一部の大きな声を出す人に弱い、ということです。

その生きざまを子どもたちがじっと見ているのに気がついていないのでしょうか。親がする通りに子どもは真似《まね》をします。

親がダメになるから、なおさらに子どもがダメになるのです。

悪を悪とし、善を善としましょう。

語らなければ自分の意思は相手に伝わらないのです。

むしろ嫌われ役になろうではありませんか。まず私自身が、日頃お世話になっている地域社会へのご恩返しとして、敢《あ》えて嫌われ役になっていこうと思います。

善を善とし悪を悪とする嫌われ役が多く現われてくることによって、初めて素晴らしい社会が実現できるのではないでしょうか。

次代を担《にな》う子どもたちのために、環境を整備しましょう。

大人の視線・子どもの視線

●相手の視線に自分の視線を合わせる

小学三年生の一年間を、祖母のいる大阪の今里《いまさと》で過ごした思い出があります。

ずいぶんと長い道のりを通学したように記憶していましたが、高校時代になってその通学路をたどってみると、驚いたことに、あんなに長くて幅《はば》の広かった橋がなんと十数歩で渡れてしまい、とてつもなく大きかったはずの商店街が、秋祭の露店《ろてん》ほどにしかなかったということです。

同じものを見ていても、子どもの目と大人の目には差異があるということでしょうか。

そのことを改めて考えさせられた出来事がありました。若竹学園の案内版作成を業者にせかされ、苦肉の案で命名した室名が「ふれあいルーム」でした。

ところが数週間過ぎたある日、小学生のA君が言いました。

「和尚さん、あの『ふれあい広場』の時計は似合わないよ……」

一瞬、アッという言葉にならない言葉が喉《のど》を突いて出てしまいました。大人の私たちにはそれは小さな部屋であっても、子どもの目には広場ほどに映っていたのです。それ以後、この部屋の名前は「ふれあい広場」に変更されました。

大人の視線と子どもの視線が同位置に来ない限り、大人は子どもの心が理解できないでしょう。

相手の視線に自分の視線を合わせることこそ、「同事行《どうじぎょう》」（他者を思いやり、その人の身になって考えるという仏教の修行）に他ならないのではないでしょうか。

難しいことです。しかしそれを実践しない限り、子どもの心は理解できずに、ますます溝《みぞ》が深まっていくかもしれません。

「同事とは自《じ》にも不異《ふい》なり、他《た》にも不異なり」

と言います。まず対象物の先入観を取り払って、ラポール（治療する人と患者との間に気持ちの通じ合う関係ができること）の空間づくりから始めることでしょうか。

家族再構成は父権回復から

子どもが親に暴力をふるうことについて、考えてみましょう。「子どもの親への暴力」と言えば、私は、平成八年（一九九六）に起こった、父親が息子を撲殺《ぼくさつ》するという痛ましい「金属バット殺人事件」のことを思い出します。

●親は毅然とした態度で、決して暴力に屈するな

喝破道場での相談や受け入れケース中でも、子どもが親に暴力をふるい、そしてその暴力のエスカレートのゆえに親はさらに従属《じゅうぞく》的となり、歯止めのかからない地獄絵図さながらのものが幾件かありました。

親の対応が悪いと言って子どもが母親の髪を握って引きずり回し、止めに入った父親に包丁《ほうちょう》で切りつける。異常事態で近隣の人がパトカーを呼ぶが、その折《おり》の子どもの対応が極《きわ》めておとなしくて素直なので、「家族のことは家族でよく話し合いなさい」などと言ってパトカーは帰ってしまう。すると子どもは豹変《ひょうへん》してまた親に襲いかかる……というような、当事者でなくては到底理解できないような事実が存在するのです。

その顕著な例が、平成八年に起こった「金属バット殺人事件」だったのだと思います。これほどの事件には及ばずとも、思い余った親の大半が身近な相談機関の門を叩くのは至極《しごく》当然のことです。この事件の父親も、二人の精神科医に相談していました。

その精神科医の一人からなされた助言が、

「ひとつの技術として親が子の要求に応えてやることが必要で、暴力に立ち向かうことはよくない」

などというものであったことから、息子からの「ジュースを買ってこい」「コンビニに行っておにぎりを買ってこい」「ビデオの録画をしろ」などの命令にすべて従っていたと言います。

そしてわが子殺害の約一ヶ月ほど前に訪ねたもう一人の精神科医からの助言は、

「子どもの暴力は先に親が言葉・態度・権力で挑発したことに対し、これを払いのけようとする行為だから、親が挑発しなければ暴力をふるわなくなる」などというものだったとか。

藁《わら》をも掴《つか》みたいという思いの追い込まれた父親に、この精神科医たちの言葉がどのように響いたでしょうか。

もしもそのときに、

「夫婦して毅然《きぜん》とした態度をとり、決して暴力に屈するな!」

と助言し、またそのように夫婦が行動したとして、結果的に父親はわが子を殺害し、または息子が親を殺害するに至ったでしょうか。

もしも精神科医の助言の不適切が原因してこの事件が起きたとするなら、その精神科医は罪に問われるべきではないでしょうか。なぜならば彼らは「心を扱うプロ」だからです。

外科医は「メス」を使って治療を行い、その治療ミスは罪に問われます。

精神科医を含めた心理関係者のメスに相当するものは、「言葉」以外の何物でもないはずです。

何を喋《しゃべ》り、何を書こうが自由の裏づけには「責任」があるという苦言《くげん》を呈したいのです。

イジメと自殺
――「絶対にお前を守る」と言え！

●イジメの要因は家族関係・家庭環境

また一人の女子中学生が自殺したというニュースを耳にしました。言葉のイジメを苦にしての飛び降り自殺だったと言います。

受けたイジメの言葉が、彼女の持つ耐性の許容度を超えてしまったのでしょう。

そしてまた「もうこのようなイジメはしないで！」という、社会への命掛けのメッセージだったでしょうし、自分をこれほどまでに苦しめた相手への報復《ほうふく》の手段であったかもしれません。

イジメ行為は、当然の如く絶対に許されるべきものではありません。でも、なぜこれほどくり返されるのでしょうか。

その原因の一つに、イジメをする側が、自分のとった行動や言葉がそもそもイジメ行為だと気づいていない点にあると思えます。

それは育った家族関係・家庭環境に要因があります。

喝破道場に併設《へいせつ》されている情緒障害児短期治療施設「若竹学園」は医療をともなう施設なので、特に被虐待児《ひぎゃくたいじ》の入所率が七十パーセントと高く、保護者調査ではその七十パーセントの保護者自身が父母等の近親者から虐待を受けて育ったという事実があります。

自分が虐待を受けて育ったために、虐待を虐待として認識できず、家庭内での「しつけ」として育ったために罪悪感もなく同じ行為をくり返しているのです。

イジメについても同じことが言えるのではないでしょうか。家庭内での何気ない言葉のやり取りが、実は社会では耐え難いイジメ言葉の連発であったり行為であったりすることがあるのです。「あなたの今の言葉はイジメだ」と言われて戸惑《とまど》うことでしょう。また心にゆとりがあればイジメ行為に触発《しょくはつ》されないでしょう。イジメをする者自身が環境にストレスを抱いていて、イライラ・ギスギスしているのです。

イジメ行為を問い質《ただ》すとともに、そのストレス源をも問い質す必要があると思います。

家庭教育・学校教育・社会教育のすべてがその規範を見失っている現状だからこそ、これからの教育基本法をしっかりした揺るぎなきものにしていただきたいと思います。

●イジメに屈しない人間教育を

またイジメを受けた児童生徒に対して「先生に相談しなさい。両親に相談しなさい」と言っているにもかかわらず、相談をせずに死を選択してしまうのはなぜでしょうか。

一つには先生も両親も友人も信頼に値《あたい》しない、という寂《さび》しいケースもあるでしょう。

もう一つはプライドのせいもあるでしょう。初期の団塊《だんかい》世代で育った者はイジメられることは恥ずかしいことだ、という先入観があったような気がします。イジメられた息子の親父が息子に木刀《ぼくとう》を渡して「仕返しをしてこい！」と言うような事例を見聞きした記憶があります。

でもこの場合は全面的に応援してくれて抱きしめてくれる父親がいたからこそ、年上の相手に仕返しできたのでしょう。

特に父親は、

「どんなことがあっても絶対にお前を守る！」

という言葉と姿勢が必要です。

「イジメのない学校や社会を！」と連呼していますが、残念ながらこの世からイジメを完全に絶滅させることはたぶん不可能です。

イジメをさせない教育と同時に、「イジメに屈しない人間教育を」と、なぜ言わないのでしょうか。

仏教ではこの世を、

「娑婆世界《しゃばせかい》」（苦しみに満ちており、堪《た》え忍《しの》ばねばならない世界）と言います。

つまり、思い通りにならないのが、この世のそもそもの条理なのです。

冬は寒く、夏は暑い。イラクでは爆破テロで数百人の死者が出たとか。

「適材適所」の大切さ

喝破道場をご支援下さっている方たちの集い「喝破会《かっぱかい》」は毎年開催されていますが、平成十九年（二〇〇七）の同会の夜の懇親会《こんしんかい》では、多士済々《たしさいさい》のメンバーだけに話題も縦横無尽《じゅうおうむじん》で尽きるところがありませんでしたが、横浜マリノスの岡田前監督（現・日本代表監督）もおられたことからサッカー選手の話となりました。

試合中には選手たちは水も漏《も》らさぬチームワークでの試合展開ですが、試合が終了すると試合中とは打って変わって選手同士の会話が少ないというお話でした。

皆それぞれが一騎当千《いっきとうせん》のつわもの揃《ぞろ》いで、それだけに個性が強い。

その選手たちを「適材適所《てきざいてきしょ》」に配置して試合に臨むのが監督の仕事だ、とのことでした。

私はその話を聞いて、道場草創の頃を思い出しました。

●凸凹の自然石

自分の庵《いおり》を作ろうとしていた頃のことですが、建物には基礎が必ず必要なので、常識としてコンクリートかブロックを使用しようと思いましたが、資材を購入する資金がありませんでした。仕方がないので最も原始的な方法であるけれど、山林に散在する大小さまざまな石を集めてブロックの代用にしようと考えました。

しかしどの石一つを取ってみても凹凸《でこぼこ》変形して同じ形のものがないので安定性がなく、ブロックのような単純な積み上げができない。

しかしできない、と言って諦《あきら》めてしまっては念願の庵が作れません。

なんとか石が上手く積み上げられないものか、と多様な形の石の面と面を添わせてみました。

そして気づいたことがありました。石の凹の部分と凸の部分が上手く噛《か》み合えば、石はがっちりと組み合って動かない。

凸の部分と凸の部分がぶつかり合っては安定しないし、凹の部分と凹の部分でも安定を欠く……。

そう考えて、共に異なる形の右手の石と左手の石が噛み合う位置を動かしながら探してみました。

あるある、必ずがっしりと噛み合う場所がある。やっているとまるでゲームのように石組みが面白くなってきました。

考えてみると、日本の城の石垣《いしがき》も同じ形に細工したブロック積みではない。だからこそ大小さまざまな形の石が噛み合って地震にもびくともしない頑丈《がんじょう》さと造形美を備えている……。

それが解《わか》ってからは、庵の基礎を手始めとして、開墾《かいこん》した畑の法面や道路の排水溝まで石組みをしました。

●短所があれば長所もある

この組み合わせは決して石組みのみではなく、

「人組み」

にも共通するものだと思いました。

人には必ず短所もあるが、同じように長所もあります。

個々の選手の長所と短所を見抜いて組み合わせて一団となして駒《こま》を進めるのが監督であり、企業組織にあっては社長や管理職の任務なのでしょう。

しかし、人材は素材を活かし切れなければ、売り手も買い手も大きな損失となります。今までは組織運営の利便性のために規格統一された「使い易い」人材のみを求めようとし、またその要望に応じて人材育成しようとする傾向があったのでしょうが、今までになかった「不登校・ニート・引きこもり」と言われる人たちがいる現代こそ、個々の持つ特性を活かす教育の必要性を感じるのです。

ヒトは完成に向かって日々努力していくものだから現時点が未完成であってよく、その中で長所はさらに伸ばし短所を補っていくことこそが素晴らしいことだと思います。

いのちを活かす文化を！
——適正循環社会を実現しよう

●便利さが人間をダメにする

紀元前のその昔、中国では水を得るのに深い井戸に釣瓶《つるべ》を落としては引き上げて水を得ていたそうです。水汲《く》みの原点に相違ないでしょう。

それについて、少しばかり目先の利《き》いた者が、「何とか楽に水を引き上げることはできないものか」と考えて、挺子《てこ》の原理を応用してみたそうです。至極《しごく》、楽に汲み上げられて便利なので、古老にも勧《すす》めたそうです。

すると古老は怒って、

「その便利さが人間を駄目にするのが解《わか》らないか……」

と言った、と伝えられています。

私たちは有史以来、絶えず「便利さ」を追求してきました。それが科学であり文化であると信じて……。

そんなに遠い昔ではない数十年前に「消費は美徳である」と教えられて、消費こそ文化であると実行してきた結果が、「ゴミ列島」の現在です。

百数十年ほど前の江戸は、百万人都市であったとか。今の人口密度と比較すれば、現在の香川県（平成十二年国勢調査で一〇一九、九三四人）に相当し、当時からすれば世界でも冠たる国際都市ですが、廃棄物《はいきぶつ》はゼロであったと言います。

それは、完全なリサイクルが、モノを活かしきるということが、生活そのものだったからでしょう。

各家庭のし尿は農家の人が回収していき、そのし尿に対して対価が支払われていたとか。それは時として収穫された大根であったりネギであったかも知れませんが、し尿は決して汚物ではなくて、対価を支払うに値《あたい》するものと考えられていたからでしょう。し尿は有機肥料《ゆうきひりょう》として再生されて、栄養豊富な野菜類を育《はぐく》みました。

衣類は幾度も洗い張りされ、再生されましたが、決して古着ではなく、むしろ親から子にと着継がれる誇るべきものであったでしょう。衣類は最後には雑巾《ぞうきん》となり、さらには土に混ぜて壁に塗り込まれても存在し続けました。

封建《ほうけん》社会の貧しく厳しい鎖国《さこく》の時代だったろうが、だからこそ世界に誇れる文化が花開いたのではないでしょうか。換言《かんげん》すれば、モノとココロのバランスが最高に取れていた時代であったと言えるのではないかと思います。

●「いのちを活かす」精神が現代社会を救う

それに対して、今はどうでしょう。全体的に水不足だというのに、水洗トイレでは一度の汚物処理に約十三リットルもの水を使って、しかも下水料金を支払っています。

水洗トイレでないところは汲み取り業者に高額な料金を支払って処理してもらい、その生活は非衛生的だと国を挙げて水洗トイレ化を推進しています。

衣類も食材も外国から大量に輸入され、惜しみなく捨て去られて、さらにゴミの増大に貢献しています。

さて、ニート人口が七十五万人と言われ、引きこもり者が百三十万人と言われているのに、政

府の規制改革会議答申では、

「少子高齢化社会の進展に伴《ともな》い、介護分野は労働力需要が高まると予想され、質の高い人的資源を確保すべきだ」

などと言って、外国人の社会福祉士と介護福祉士の受け入れを決定しました。

国内には質の高い人材がいないのか。

人材を育成しようとはしないのか。

なぜ国内のニート・引きこもりの人たちを社会復帰させて、介護分野への導入を計《はか》らないのか。

これこそ一挙両得の社会貢献ではないでしょうか。

「役に立たない人材」として、ゴミのように捨て去ろうというのでしょうか。しかし、彼らはいのちを持って生きています。ゴミのように捨て去るわけにはいきません。

廃棄物ゼロだった江戸の社会のように、「いのちを活かす」ということをやっていかなければならないのではないでしょうか。

むしろ彼らが働かないままだとしたら、その生活と老後は、誰が世話をするのでしょうか。詰まるところは生活保護法による税金に頼るとするなら、これほどの不経済はないのではないでしょうか。

第六章 若者の悩みへのメッセージ

この章では、さまざまな悩みを抱えている子どもたちや若者たちに対して、「悩みに負けないで強く生きてほしい」という想いをこめて、メッセージを述べさせていただきたいと思います。

生きがいが見つからない
という人へ

●本当にそれで幸せか

この世の中で一番辛くて惨《みじ》めなことは、

「生きがいの喪失」

つまり生きているぞという実感、手ごたえが感じられないことではないでしょうか。

生きがい、と言うと、とても高邁《こうまい》で近寄り難いような感じがするかもしれません。

確かに世界を股にかけて活躍する人たちや、正義のために命を張っているドラマティックな生き方の人たちもいます。うらやましいですね。

でもそれらのことだけが「生きがい」なのでしょうか。私は違うと思うのです。

私の話をしましょう。二十七〜八歳の頃でした。当時私は小さな医療機器販売会社を営みながら、鍼灸《しんきゅう》学校に通っていました。

そして生理学か解剖学の授業だったかで、担当教官が、

「人間は本来四足歩行だった。それが直立歩行に変わったことから腰と首に負担がかかり弱点となった……」

と説明されるのを聞きました。

この言葉を聞いた瞬間、「これは商売になる！」と直感して、商品開発にかかりました。

そして「座位式首腰牽引機《けんいんき》」という機具を、実用新案で取得しました。これが順調に運んで、実用化の話にまで進展しました。もうこれで経済的にも社会的にも評価されるでしょう。まさに小躍《こおど》りしたいばかりの生きがいでした。

でも、何だかちがうのです。もう一人の私が言うのです、

「お前、本当にそれで幸せか？」

と……。

その後、私はある禅寺《ぜんでら》で出家して、修行を終えてから、故郷・香川県の海抜四百メートルの山

に入りました。お金も地位も何もありませんし、明日の朝に食べる食材すらないのです。まさに正真正銘《しょうしんしょうめい》の乞食坊主でした。

しかし、生活するには最低限の「衣食住《いしょくじゅう》」は必要です。「衣」は修行中に使用していた使い慣れた衣や作務衣《さむえ》がありますので困ることはないのですが、「食・住」は困りましたね。

そのようなときに、ある方が、木箱に入った大量の乾麺《かんめん》を下さいました。その素麺を、調味料もないままに朝昼晩と二十八日間食べました。麺類は好きなほうでしたが、さすがに最後のほうになると、胃部が拒否をしだしましたね。

近くに自生《じせい》する食べられそうな草木は、ことごとく食べてみました。おかげで近辺に自生する草木で食べられるもの・食べられないもの、食べたら毒になるもの・薬になるもの、が判るようになって、これも楽しみの一つになりました。

もちろん、美味《おい》しい物がよいに決まっていますが、それでも空腹時にお腹一杯食べられたときは、何物にも代えがたいほどうれしいものです。

その困った時代からの継続が、現在の喝破道場の基本となっている「自給自足《じきゅうじそく》」生活です。

住まいは、托鉢《たくはつ》中にお醤油《しょうゆ》屋さんの資材置き場で見つけた、直径二メートルばかりの使用済み醤油樽《だる》を改造して住まいとしました（本書22ページ写真参照）。将来は迷える若者たちが集まれる禅道場を創りたかったのですが、将来の夢は夢として、私の経済力と智慧《ちえ》からして、当面はその生活が精一杯だったのです。

しかし、食と住環境の無理は病を引き起こします。あるとき、とうとう疲労と風邪と栄養失調で倒れてしまいました。誰も来てくれません。もう死ぬと思いました。

●「自分は生かされている」と確信すること

死を間近にすると、その人の人間性が出てくると言いますが、私はこの狭いタルの中で死んでいる自分を想像しました。散らかってゴミのような中で死んでいる自分が恥ずかしくなり、熱のための朦朧《もうろう》状態の中で下着を着替えて、周囲を整理整頓《せいりせいとん》しました。安心して床《とこ》に入ったら、そのまま意識を失いました。

そして数日後の朝、射《さ》し込む明かりと鳥のさえずりで意識を取り戻しました。一瞬ここがどこなのか、何をしているのか思い出せませんでしたが、

「あぁ、私は生きている！」

それだけでうれしくて、泣けて泣けて涙が止まりませんでした。

本当の生きがいとは、心拍鼓動《しんぱくこどう》の確認です。与えられた命を感じられることなのです。

そしてさらに言うなら、自分の力で生きているんじゃない、大いなる力に生かされている、という確信が、生きがいの原動力ではないでしょうか。

イジメで苦しんでいる人へ

●いじめられた経験のある者は、耐えることができる

喝破《かっぱ》道場が開かれて、すでに三十数年になります。そしてこれまでに不登校やイジメが原因で修行に訪れた人たちは数え切れません。そこで、「喝破道場は学校に行けない子、いじめられっ子が行く道場」と言われるようになりました。

もちろん、喝破道場は企業研修やセミナーなど文化活動も行っている公益法人《こうえきほうじん》ですが、無責任にいろんな中傷《ちゅうしょう》やデマを飛ばす人たちがいます。このような人たちがいるのがこの世の中の現実です。考えてみますと、そういう人たちが、社会で無意識にイジメをしているのですね。

しかし面白いですね。学校に行けない子どもたちやいじめられっ子など、「弱いやつら」と言われていた子どもたちが、寒い日も暑い日も黙々と朝五時に起床して坐禅を組み、玄米の朝粥《あさがゆ》を食べて、日中は農作業までしているのです。つまり普通の子たちがしないこと、できないことをやっているのです。

幾度か垣間《かいま》見たことですが、今までいつも強いグループの中にいてイジメに加わっていた男の子が、イジメを受ける側にまわったことがありました。驚くほど弱いのです。いつもいじめる側にいたので、いじめられたときの我慢《がまん》や適応ができないのです。

いじめられた経験のある者は、耐えることができるのです。

この社会のことを、仏教では「娑婆《しゃば》世界」と言います。この世の中は自分の思い通りには運ばない、という意味です。この世の中を生きていくためには、「耐力《たいりょく》」が必要なのです。社会での基礎体力は「我慢力」です。

イジメを受けた経験者は、おとなしくて、やさしさの中に不屈のパワーを秘めています。イジメを体験した人は強いのです。しかし「自分は弱い人間だ！」と思い込んでしまうと、這《は》い上がれません。自分の力を信じましょう。

禅の道場には、人間を育てる千年以上の歴史とカリキュラムがあります。それは集団生活の中で、徐々に身体と心を練《ね》り上げていくのです。と言っても、特別な人間になるのではありません。自分らしい自分になるための修行です。喝破道場では、寒い冬の朝も暑い夏も朝五時に起床して床《とこ》上げ、洗面を済ませて坐禅堂へ、そして四十五分間の坐禅をしています。

坐禅は足の痛いのを我慢して坐る我慢比べではありません。身体もこころも海の波間に任せた気持ちで坐るのです。水泳の経験がある方はお分かりのように、波間に身体の力を抜いて浮かべればちゃんと浮くのです。しかし「怖い！」と思った途端《とたん》に沈んでしまいます。海には絶対の浮力があることを信じて身を任せれば、浮いて泳げるのです。

その反対に海の浮力が信じられないと、疑いの心とともに身体が萎縮《いしゅく》し硬直《こうちょく》して沈んでしまいます。海と同じようにこの社会にも、人を浮かせる働きがあるのです。その働きが信じられないと、人は社会の波間に沈んでしまいます。坐禅の根本は、この生き方を教えることなのです。

そして喝破道場では坐禅の後は朝の読経《どきょう》・朝食・清掃・体操・滝下り・コーヒータイムと続き、日中はハーブの手入れや農作業です。それらの生活の中で体力と気力、思いやりのこころが育って自分らしい自分になるのです。

●過去の辛い経験は、必ず人生のプラスになる

ずいぶん前になりますが、中学二年生の女の子がイジメが原因で不登校となって道場に入門したことがあります。道場生活三ヵ月頃になって彼女が言いました。

「和尚さん、私はカウンセラーになりたい。私がイジメにあって苦しんだり悩んだりしたときに、児童相談所のカウンセラーの先生が『辛かったね。よく我慢したね。先生にもあなたの辛くて哀しかったことがよく解《わか》るよ』って聞いてくれた。私は自分自身がイジメにあったからこそ、イジメにあった人の気持ちがよく解ると思う。だからカウンセラーになって支えになってあげたい。そのために頑張って勉強して大学に進学したい……」

と。私は感激しました。痛みを体験してこそ初めて痛みが解るのではないでしょうか。これをピア・カウンセリング（Peer Counseling）と言うそうです。

そして私は、さらに自分の体験から彼らに言うのです。

「友だちを作るな。友だちになってもらおうと思うから卑屈《ひくつ》になりイジメられたりする。友だちになってくれ、と言われるようになれ。そのために朝五時から起きて修行しているんだ」

人生で大切なことは、過去を否定しないことです。むしろ過去の辛かったこと、苦しかった経験のほうが人生にプラスなのです。

性の悩みで苦しんでいる人へ

●自分自身を理解してあげよう

科学の進歩には目を見張るものがあります。近代ではＤＮＡの発見でしょう。

そのＤＮＡを駆使して解明された重要なことがいくつかありますが、その中の一つが、ミトコンドリアという細胞内器官の遺伝情報から解析《かいせき》されてわかった、アジアの現生人類の拡散状況です。

すでに仮説から定説となった「イブ仮説」は、約二十四万年前に類人猿《るいじんえん》から進化した、たった一人の女性から人類が誕生した、というものです。そして徐々に集団化し拡散して、世界に定着していったようです。

私たちは「母なる大地」とか「母なる故郷」という表現をします。生命は卵子と精子の結合によって発生するのですが、胎児は子宮生活約二ヶ月弱までの間すべて女性型で、その後にハイドルゲンシャワーを浴びた胎児のみが男児として誕生するそうです。

つまり、元来われわれの身体の中には人間の原型として「女性」が存在しているのです。だから女性っぽい男性がいても、男性っぽい女性がいてもなんの不思議もありません。

封建時代には女性であるのに男性として育てられたり、またその反対もあったようです。これこそ人権と人格無視も甚《はなは》だしいものです。当事者はどのような気持ちで生涯を送ったのかと悲しい気持ちがします。

身体的には男性であるのに内面的には女性特有の思考やしぐさがあったとしても、またその逆があっても不思議はないでしょう。これらを「性同一性障害《せいどういつせいしょうがい》」と言うそうですが、早く気づいて言葉に出して周囲の理解を得ることが大事でしょうね。

私たちにとって一番大切なことは、

「自分らしく生きる」

ということです。そのためには、自分自身を理解しなくてはなりません。

孫子の兵法に「己を知って戦えば百戦危うからず」というくだりがあります。もちろん、自分自身の知的能力もそうですが、自分の抱える慢性病や肉体的な欠陥も充分に承知しておかなければなりません。それができなければ他人に勝利するより自分自身に負けてしまいます。厳しい修行はそのために必要なのです。

そして最も生きやすいライフスタイルを持つことが大切ですので、自分が性同一性障害では？と感じたら早く専門医に相談し、自分の最も受け入れられる性で生きていくのがよいのではないでしょうか。

中道の精神によるセルフコントロールを

また、私たちは思春期に異性を意識し過ぎたり、性欲に悩まされることがあります。病弱だったり体調不良ならば性欲どころではないでしょうが、元気であればあるほど性欲が強いのが当然です。この性欲の問題はタブー視されている傾向がありますが、切実な問題です。

人間の三大欲望と言われている「食欲・睡眠欲・性欲」。生命保持と種の保持に欠かせないものですが、やはりともに節度は大切です。

食欲も腹八分と言います。食べ過ぎるのも少な過ぎるのもよくありません。

仏教では多く眠ることを「惰眠《だみん》を貪《むさぼ》る」と言って戒《いまし》めの一つとします。

仏の教えに「四苦八苦《しくはっく》」がありますが、その中に「五蘊盛苦《ごうんじょうく》」というものがあります。それは元気であればあるほど肉体的な欲望の苦しみが多いということです。

遠く二千五百年ほど以前のお釈迦さまの時代、やはり性欲で悩んだ青年僧が実在していました。彼は悩み抜いた結論として自分の魔羅《まら》（古代インド語でペニスのこと）を斧《おの》で断ち切りました。それほど性欲の苦しみから解放されたかったのでしょう。

それを知られたお釈迦さまは、

「性欲の苦しみから逃げずに向かい合うことこそ修行だ」

と諭《さと》されたそうです。

「煩悩即菩提《ぼんのうそくぼだい》」と言いますが、悩みが大きければ大きいほどその得るものも大きいということです。

また鎌倉時代の親鸞聖人《しんらんしょうにん》も性欲の苦しみから京都の六角堂《ろっかくどう》に籠《こ》もられて、観音さまに済度《さいど》されたと言われています。

『観音経』に、

「もし衆生《しゅじょう》ありて淫欲《いんよく》多からんに、常に観世音菩薩を恭敬《くぎょう》せば即《すなわ》ち欲を離るることを得ん」

とあります。

お釈迦さまは、

「中道《ちゅうどう》」

を説かれました。右にも左にも偏《かたよ》らないで自己を失わず他に振り回されない生き方です。性欲のパワーを運動やボランティアに振り向けるのも手段の一つでしょう。この性欲ゆえに犯罪者となることもあるのです。

また、下品と言われることを承知で申し上げますなら、自らで自らを慰《なぐさ》めるのです。それをオナニーと言うそうです。

私たちが修行する上にとって大切なことは、

「セルフコントロール」

ではないでしょうか。

自分に自信が持てない人へ

●体験によって知識は智慧に変わる

人は等しく真っ白な状態で生まれてきます。

見るもの、聞くものなどすべて五感を通して初体験のことばかりです。そして、その体験を積み上げながら情報量を増していきます。

その情報を知識と言います。

しかしその情報が情報のままでは何の役にもたちません。情報に基づいて行動してはじめて身体と心が確信になります。

その確信のことを「智慧《ちえ》」と言うのです。

そのためには、失敗を恐れずに、いろんなことにチャレンジしなくてはなりません。

自分に自信が湧かないのは、知識が完全消化されてないからです。

「疒（やまいだれ）に知る」と書いて「痴」という字になります。知識が病に罹《かか》っているのです。

知識が下痢状態で完全消化できてないのです。その知識が完全消化できて身体の血肉となってはじめて、知識が身についた、と言うのです。

小さな子どもは、熱いストーブに触れると火傷《やけど》をしてしまう、ということを体験していません。

いくら父母が口で、火傷すると痛いよ、大変だよ、と言っても、子どもは知識でしかその火傷の痛さや大変さが解《わか》らないのです。

『仏説父母恩重経《ぶっせつぶもおんじゅうきょう》』というお経の中に、

「二歳にして懐《ふところ》を離れて始めて行く。父に非《あら》ざれば火の身を焼く事を知らず、云々《うんぬん》」

とあります。

智慧の原点は家庭教育にあると思いますが、やがては自分自身で、知識を智慧に変換していかねばなりません。それらの積み重ねが揺るがぬ自信になると思います。

●謙虚に、しかし「プラス思考」で！

自信がない、というのも困りますが、

「自信過剰」

も問題です。傲慢《ごうまん》になったり、他の人を見下げるようになってしまっては、自他を傷つけることになります。未経験なことには謙虚《けんきょ》でいいと思います。

しかしプラス思考でなければなりません。「自信」の基本はプラス思考にあります。

「上手く物事が運ばないのではないだろうか、もし失敗をしたら責任を取らせられるのでは……」

などと取り越し苦労な思考をしないことです。

いま為《な》すべきことに専念することこそ大切ではないでしょうか。

すぐカッとなって キレてしまう人へ

●キレると、自分が損をする

昔から「短気は損気」と言って、軽はずみな言動で得をした人は今までに一人もいない、と言います。

自分にとって嫌なことや不利なことを言われてカッとしない人はいないでしょう。最近の新聞テレビで報道されている事件を見ていても、

「ついカッとなって……」

と言う犯人のなんと多いことでしょう。

仏教では、

「貪《とん》・瞋《じん》・痴《ち》の三毒《さんどく》」

と言って、自分自身をダメにしてしまう三つの要素を挙げています。

「貪」とはむさぼりのこころ、欲望のこころです。

「瞋」とは短慮《たんりょ》・怒りです。

「痴」は正しい判断ができないことです。

あるグループが動物実験を実施したそうです。実験用のネズミ二匹を別々の箱の中に入れて、一匹のネズミに対して箱の外から幾度も針で突くのです。当然にネズミは針から逃れようとしたり、針に対して攻撃的になったりします。

所定の時間の後に二匹を取り出して血液検査をしたそうです。箱に入れたままだったネズミには何の変化反応もなかったそうですが、針で刺激を受けたネズミは血液が酸性化していたとともに肝臓自体に腫《は》れが生じていたそうです。

そしてさらなる検査の結果、肝臓は解毒《げどく》作用の働きがあるにもかかわらず、逆に肝臓より毒素を放出していたそうです。この状態が長期化すればネズミは肝硬変や肝臓癌《がん》に冒《おか》されて死に至ります。

最近はあまり使われてないようですが、

「癇癪玉《かんしゃくだま》が破裂する」

という言葉があります。現代医学に代えて言うなら、癇癪は短気で玉は肝臓と言えましょう。怒りが己自身の肝臓をダメにするのです。

大事な自分自身の肝臓を、他人の言動に過剰《かじょう》反応して肝臓癌にしてしまったのではたまりません。

●「愛語」で生きよう

同じように、他人に対しても相手を傷つけるような言動は慎《つつし》みましょう。

むしろ反対に相手が喜ぶような言葉掛けに努力してみましょう。

これを仏教では「愛語《あいご》」といいます。

「愛語は回天《かいてん》の力あり」

と言います。

カッと来る気持ちを抑《おさ》えて、暖かい言葉で返せたら素晴らしいですね。

憎しみが消えなくて苦しんでいる人へ

●「怨憎会苦」で当たり前

ある会合で、

「あなたには憎い人がいますか」

という質問がありました。二十名程度の集まりでしたが、ほとんどの人が、

「憎い人がいる」

と答えたのには驚きました。

もちろん、その相手に対する憎しみの質や量はそれぞれでしょうが、いつも穏やかな顔をされ

ている方にも憎しみの心はあるのだと判《わか》りました。

社会には二面性があります。男女・寒暑・昼夜・愛憎……、それで宇宙や社会が成立している部分もあります。それで言えば、憎しみがあるからこそ愛することがあるのだ、と言えますが淋《さび》しいことですね。

仏教に「八苦《はっく》」という言葉があります。

前半分の四苦とは、

「生《しょう》・老《ろう》・病《びょう》・死《し》」

のことで生物界の真理を述べています。

そして残り半分の四苦は心の作用を述べています。

「求不得苦《ぐふとっく》・愛別離苦《あいべつりく》・怨憎会苦《おんぞうえく》・五蘊盛苦《ごうんじょうく》」

です。欲しい物があるのに手に入れることができない苦しみ（求不得苦）。人は必ず愛しい人と別れなければならない時が訪れる（愛別離苦）。人は憎くて仕方のない人とも共に居なければならない（怨憎会苦）。身体が元気なるがゆえの食欲や性欲などとの葛藤《かっとう》（五蘊盛苦）。

つまり仏教の八苦の教えから言えば、この世界は「怨憎会苦」が当然なのです。

要するに今の環境にいる嫌な人から逃れたとしても、また移動した先に新たな嫌な人がいますよ、と教えているのです。

●「怨親平等」と叫んで自分を癒した

もちろん、この怨憎会苦の教えを聞いても「理屈としてはそうなのだけど、現実問題としては厳しい」という気持ちになるかもしれません。

私は児童施設を建設する際に、地元より建設反対の運動を受けたことがあります。不登校や虐《ぎゃく》待《たい》を受けた子どもたちの排泄《はいせつ》した汚物が流れてくると、不登校や虐待が伝染する、と言うのです。私は怒り心頭しました。この発言をしたのは水利組合や小中学校のＰＴＡの役員を中心にした方々でした。

私はこの悔《くや》しさ憎しみを、

「怨親平等《おんしんびょうどう》、々々」（怨めしい人と親しい人とを区別しない）

と、悔し涙を流しながら、怒鳴《どな》るような大声で唱えつつ、自分自身を癒《いや》したことがあります。

皆さんにもこのような憎しみがおありでしょうね。

容姿に自信がなく整形を考えている人へ

自分らしく生きる

私の左人差し指の爪の近くに大きな瘢痕《はんこん》があります。

幼い頃はさほど気にはならなかったのですが、中学生になってから他人に見られるのが恥ずかしくて、いつも左手をポケットに入れて隠してました。

体質的なものでしょうが、俗に言う「イボ」です。

親に言うと、

「いじるとなおさら大きくなるぞ」

と言われてしまいます。

でも直径が約一センチもあってむくれあがるように大きいのです。

特に同級生の女の子の前では、

「見つかって何か言われないだろうか」

と考えるだけで悲しくなりました。

そして高校生のときに、アルバイトで貯めたお金で除去手術を受けることにしました。

先生が、

「別に除去する必要もないと思うがね……」

と、度のきつそうなメガネの奥から、私の心の中まで覗《のぞ》き込むようにして言いました。

専門医からすればたかがイボでしょうが、私にすればされどイボです。手術をしたことで人生が変わるのではないか、と思うほど悩んでいたのですから。

私の指先のイボ一つでも悩むのですから容姿となれば当然でしょう。

手術をして人生が変わるなら受けてよいのではないでしょうか。私は講演などでよく引用するのですが、

「私の足があと五センチ長ければ、こんな田舎のこの席で講演はしてません。多分皆さんが

私に会えるのはポスターか映画の中でしょう。そうです、私は映画俳優になりたかったのです。でも現実は私の足が五センチ短かったから、こうして皆さまにお会いできたのです。足を短く産んで下さった両親に感謝しましょう」

と言うのです。

理想も大切ですが、さらに大切なことは現実の自分を受け入れることではないでしょうか。そして自分をいじくり回さないことです。

与えられた素材に磨《みが》きをかけてこそ、個性は独特な光沢《こうたく》を放ちます。

人には内面と外面があります。若いときの表面の輝きは若いだけで素晴らしいのですが、加齢とともに外面の輝きが後退してきて、内面の教養や人生観・習慣が表に現われてくるのです。

人生のテーマは

「自分らしく生きる」

ということではないでしょうか。

〈墨跡〉「随《ずい》流《りゅう》去《こ》」（流《なが》れに随《したが》い去《い》け）

野田大燈筆

【右の墨跡について】

ある時、馬祖《ばそ》（禅宗の高名な祖師）門下の修行僧が、杖を得るために山に入ったが、帰路に迷ってしまった。日暮れ迫る山中を不安を抱いてさ迷っていると、みすぼらしい庵が目に入った。

庵主に尋ねた「山を下りる路はどう行けばいいのか」。

庵主が答えた「流れに随《したが》い去《い》け」と。

彼の庵主は馬祖の膝下で大悟し去った大梅法常《だいばいほうじょう》だった。

人は不安に駆られると平常心を失う。如何《いか》に生きればよいか、は力を抜いて周囲を見やれば、答えは丸出しなのである。

大燈と喝破道場のあしどり

昭和21年（1946）3月	香川県高松市に五人兄弟の長男として誕生。
昭和47年（1972）3月	土工・運転助手・工員・医療機器セールス等をしながら、香川県高松南高等学校（定時制）卒業。
昭和48年（1973）3月	「ホーシオン家庭用医療機器販売」ならびに「ホーシオン物理療法研究所」設立。
昭和49年（1974）4月	愛媛県法龍寺栗田大俊老師の弟子として出家得度。
同　右　9月	曹洞宗瑞應寺専門僧堂にて修行。
昭和50年（1975）3月	宗教法人「報四恩精舎」設立。
同　右　12月	「自覚めの集い」を始める。
昭和52年（1977）9月	修行道場乞暇のあと五色台山中にて新寺建立に入る。
昭和53年（1978）7月	禅道場完成。この頃より本格的に登校拒否等の児童受け入れを始める。
同　右　11月	財団法人全国青少年教化協議会評議員に就任。
昭和54年（1979）4月	香川県青少年教化協議会設立。事務局長に就任。
昭和55年（1980）1月	月一度の泊まりこみ坐禅会「喝禅会」始める。

昭和57年（1982）2月	里親登録と共に慎ちゃんを里子として迎える。
昭和58年（1983）1月	香川ナームの会発足、会長に就任（平成12年顧問就任）。
昭和59年（1984）7月	財団法人「喝破道場」設立。理事長に就任。
同　右　8月	香川県里親会会長・副会長歴任（平成5年8月退任）。
同　右　9月	喝破道場、家庭裁判所の補導委託先として登録される。
昭和61年（1986）7月	無人島での年1回恒例「カッパのサバイバル訓練」始まる。
昭和63年（1988）1月	喝破道場入所者の女子中学生A子ちゃんが行方不明となる。
同　右　2月	A子ちゃん、遺体で発見される。
同　右　7月	死亡事故をきっかけに、厚生省（当時）より情緒障害児短期治療施設の設置をすすめられる。
平成元年（1989）6月	第13回正力松太郎賞受賞。
同　右　7月	第9回キワニス社会公益賞受賞。
平成2年（1990）7月	本堂・製パン工房が完成。
同　右　9月	香川県スポーツチャンバラ協会設立。会長に就任（平成13年3月より名誉会長）。
平成4年（1992）7月	社会福祉法人「四恩の里」設立。理事長に就任。
平成5年（1993）8月	曹洞宗社会福祉施設連盟理事に就任（平成18年理事長に就任）。

平成6年（1994）3月	情緒障害児短期治療施設「若竹学園」開設。生活指導員主任に就任。
平成7年（1995）4月	若竹学園副園長に就任。
平成10年（1998）4月	若竹学園園長に就任（平成13年8月まで）。
平成13年（2001）8月	曹洞宗権大教師に補任せられる。
同　右　9月	大本山總持寺後堂に就任（平成18年9月乞暇送行）。
平成14年（2002）11月	曹洞宗師家に補任せられる。
平成15年（2003）2月	学校法人總持学園理事に就任（平成18年9月まで）。
平成16年（2004）10月	香川県立児童養護施設「亀山学園」移譲を受け園長に就任。
平成17年（2005）12月	大本山總持寺禅カウンセリング研究所所長に就任（平成18年9月まで）。
平成18年（2006）7月	喝破道場に厚生労働省認定委託実施事業「若者自立塾」開設。塾長に就任。
平成20年（2008）3月	第42回仏教伝道文化賞受賞。

喝破道場「若者自立塾」 卒塾者の感想

愛媛県 S・Tさん（男性・28歳）

自立塾の3ヶ月で自分を発見

僕が喝破道場の「若者自立塾」に入塾したきっかけは父親の勧めによるものでした。

長年の社会との隔絶によって失われた自信と意欲、そして狂ってしまった規則正しい生活習慣を取り戻すことが自分のテーマでした。

今思えば入塾時の自分は父親に言われて仕方なく来たという気持ちが半分ぐらいあり、必ずしも前向きなスタートだったとは言えません。

僕にとって一番の懸念材料は入塾時の道場の人数が僕を含めて4人しかいないことで、はたして自分は変われるのかという不安と期待の入り交じった塾生活の船出でした。

僕がこの3ヶ月の塾生活を振り返った時、全て「出会い」という言葉に集約されると思います。

1つ目は自然との出会いです。もちろん自然に恵まれた山の中にあるこの道場は、ただいるだけでもそのエネルギーを感じられます。僕にとって良かったのは、俗世間の欲や執着から切り離され心を落ち着けて生活できる場所だったということです。こうした環境で生活したことによって、今まで自分が誘惑にかられていたものや、執着していたものが、実はそれほど大切なものではないことを実感させられました。

道場での生活は、それまでの自分のわがまま放題の生活とは異なり、しっかりとした規律の中で自分の欲求を抑え周囲と調和する事が要求されます。

朝5時の起床に始まり、坐禅、読経、畑仕事などの作務と毎日同じリズムで生活することで、自分の体も自然とそのリズムに適応していきました。

ここで覚えた規則正しい生活のリズムは卒塾後も継続していきたいと思います。

2つ目は、人との出会いです。自立塾に来るまでの自分は人と関わることを極力避けて自分の殻に閉じこもっていましたが、集団生活が基本の道場では人とのコミュニケーションは避けては通れず、3ヶ月の間に実に様々な人々との触れ合いがありました。

和尚さんやお坊さん方の、平素からのきびきびとした生活態度や自分を律することができる強さや厳しさには、本当に感心させられてばかりで自分も素直に見習いたいと思いました。

また、道場に隣接する若竹学園の子供との触れ合いも自分の新たな一面を発見させてくれるきっかけになりました。

小学生やドイツ人、病気を抱えた人、自分と闘っている人、自分の信念を強く持っている人、自分の夢に向かって進んでいる人など、家にいた時には想像もつかなかったような実に様々なタイプの人達と生活を共にする機会を与えて頂きました。

もちろん全ての人との出会いが自分にプラスだったかどうかは分かりませんが、良くも悪くも人間を見る眼というものが少しは養われたし、これらの出会いが今後の人生にとって大きな財産になるのではないかと思います。

3つ目は自分との出会いです。ここに来る前の自分は、自分に自信がなく何をするにもやる前からマイナス志向で身動きがとれず、その挙句やる気や意欲を失くすという悪循環に陥っていたと思います。

そんな自分を変えるためにまず、自分をリセットすることを心がけ、とにかく道場での生活に没頭することにしました。規律ある生活を続けていく中で、自然と身体が元気になり、気力も回復していきました。

今までなら尻込みしてしまったであろう体験にもチャレンジしてみようとする自分がいました。

さらに自分でも驚いたことは、様々な人達との出会いや交流をする中で、今まで人があまり好きではないと思い込んでいた自分がいなくなって、人と関わるのが好きで人の中に生きてこそ人間なのだとひしひしと感じている自分を発見したことです。

これが本来の自分だったのか、ここに来て変わったのかどうかは分かりませんが、その1つをとってみても道場で過ごした3ケ月が自分にとって貴重で有難い時間だったと言えると思います。

そしてもうひとつ、今まで散々心配と迷惑をかけたにも関わらず感謝することもなかった両親をはじめ周りの人々に対して、申し訳なかったという反省の気持ちと心からの感謝の念が、自然と湧き出てきたことは自分にとって驚きでした。

これまで受けた恩に報えるようにしっかりと自分を律して生きていこうと思います。

最後に野田塾長をはじめ道場スタッフや3ヶ月の間に関わって下さった皆さんに心からの感謝とお礼を申し上げたいと思います。ありがとうございました。

私を救ってくれた五色台

愛知県　H・Hさん（男性・32歳）

私は、今みんなと一緒に作業をしています。

若者自立塾なのだから当然です。ところが「みんなと一緒に作業」というのが私には奇跡なのです。

皆さんは「社会不安障害」という病気をご存知でしょうか？　アメリカでは7〜8人に1人が罹患している病気です。簡単に説明すると、他人が恐怖の対象（対人恐怖）がメインの病気です。

身体は元気ですが病気のため社会生活が円滑に行えません。いや、行えませんでした。若者自立塾に来てからも他人が恐く、部屋で寝ていました。トイレに行くのさえも誰かに会わないかと不安でした。

そんな生活が2週間ほど続き途方にくれていた時、和尚さんからある仕事を与えて頂きました。それは一人で出来る仕事、ハーブの収穫の仕事です。

喝破道場ではハーブを栽培していますが、その中のミントの収穫を任されたのです。

仕事の内容は地味です。ひたすらミントの若葉を摘み取るだけなのです。朝から夕方までです。

当初はこんな事で「自分になんの変化をもたらすのか」と、実は思っていたのです。

ところが続けていくうちに元気が出てきたのです。とても仕事が楽しいのです。不思議に思いミントの効用を調べたところ「やる気を出させる。不安感をなくす」といった作用があったのです。まさに自然の医学で3週間ほど続けた頃には、みんなと少しずつ作業が出来るようになりました。勿論、病気である以上医学的な治療も大切ですが、さすが喝破道場、山の麓の病院と提携していて、神経内科できちんとした治療も受けられます。正直、ここまで自分が回復するとは思いませんでした。

和尚さん、副塾長の大然さん、大融さん、事務員の佐竹さんにも感謝です。部屋から出られない時、食事を部屋まで運んでくれた大然さん。毎日声をかけてくださった大融さん。少しの変化に気付いてくれていた佐竹さん、そして受け入れてくれた塾生のみんな、ありがとう！

引きこもりは甘えではないと、経験者である私は思います。文明が生み出した社会的精神疾患ではないでしょうか。

本来人間も動物ですから自然が一番です。ところが、街には無機的なものが並び、自然が姿を消しています。後進国といわれる自然があふれている国には引きこもりは居ないのです。

引きこもりの人、また引きこもりを抱えているご家族の方、私に一度会いに来ませんか？

和尚さんや私を救ってくれた喝破道場のみんなに会いに来ませんか。今、私は幸せです。

「随流去」の人 ——本書に寄せて

永田《ながた》美穂《みほ》（作家）

「えっ、醤油だるに住んで修行したお坊さんって、それ江戸時代のことではないの?」

ある時、本稿の筆者もそう聞かれました。これは平成・昭和の現代の禅僧で、「喝破道場」の野田大《のだだい》燈老師《とうろうし》その方の話です。

若い日、ある人が自分の呼吸する身体以外のもの、を突然に全部捨てて仏道修行に入られた。数年後修行を了《お》えて再び町へ出た時、アレレ、自分の住む所が無かったのだった。もちろん両手には一文も無い。さぁ、そんなとき、人はどうするのだろう。

四国の高松市の山腹、瀬戸内海国立公園内の「五色台」の、標高が四百メートルの地に「みどりの中の禅道場」こと「喝破道場」があります。老師はそこの主です。老師というとお爺さんに聞こえるから、和尚さんと呼びましょう。

本書は、こんな〝今どき離れした〟和尚さんの、若き出家の動機から、現在への活動の成長ぶりを自身で綴られた実録です。痛快無比この上ない中に、どこか青春文学の香りがします。と共に、和尚さんのこの半生の行動録は、読者をハラハラさせながらも、はつらつとして果敢、現代に深く何かを問いかける凄さがあります。人が肝《はら》を括《くく》って生きることとはどう言うことか。世の損得勘定を離れつつ、なお男児一生おのれの情熱を形にしたいと、七転八倒、汗も涙もごちゃごちゃの中、一歩一歩を確実に生き抜く。我、動く時、天またどう動く。それは図らず、知らず。ただひたすら「随流去《ずいりゅうこ》」。流れのままにしたがって生きる、まずやってみる。動かしてみる。

野田大燈老師が先年まで後堂を務められた曹洞宗大本山總持寺。その出版部の月刊『跳龍』誌上に、筆者は長い間、連載の仕事をさせていただきました。その法縁から野田大燈老師のご指導をたまわっておりますが、先年から喝破道場ではすでに、新しい施設〝高齢者と若者が介護を通じて助け合い、生活を共にする〟「ペアハウス・随流荘」の充実化を進めておられました。この施設建物の見学の折、筆者は和尚さんのお話に非常に心を打たれました。

それは大きく未来への抱負のプラン、これからの世の中に発信して、生老病死「命を助けあう」施設の実現と実行だと知ったからです。特に、日本のこれからの人口減の時代を視野に入れて、全国の仏教各寺院の後継の若い僧侶の方々に、この『ペアハウス』運営の経験をモデルケースとして提示したい、「寺院経営へ新しいあり方」「実際的な社会活動の見本」でありたい、その強い願いがあるからこそと話されました。醬油だるに住んでの心細い、病んでも一人、雨降っても一人の生活が源となり、のちの学びとなって、このように結実しておられるのです。

本書に書かれる通り、同道場では、宗教法人「報四恩精舎」のもと、一歳児から〜小中学生〜高校生・青年たちの教育の諸法人施設の運営経験を蓄積しておられます。しっかりと地が足についた、決して夢や理想ではない「みどりの中の禅道場」の試み。

その視線から本書を読む時、読者には、和尚さんの活躍の中から宗教者としての祈りと悲願が浮かび上がって、胸にせまるものがあるのではないでしょうか。

あとがき

私が大本山總持寺《そうじじ》にいたとき、俗弟子の一人である美妙《みみょう》さんが、大法輪閣からの著書の出版を一生懸命に薦めてくれていました。当時は毎日が多忙でしたので、「出せればいいな……」程度の生返事でした。出版の現実味を帯びて来ましたのは、美妙さんの関係の方々が集まられた会席でのことでした。その席に大法輪閣編集部の佐々木隆友さんがいました。振り返ると、出版に消極的（?）な私に業を煮やした美妙さんが策略したのでしょう。彼女は出版事情に明るく、有り難い策略でした。

編集関係の方は痩せて神経質な方が多いと勝手な見方をしていた私は、コンピューター付き大型ブルドーザーのような佐々木さんにお会いして圧倒されました。そしてその場で出版が決定され、佐々木さんのコンピューターによって細かな作業がスケジュール化され、後はお尻に火がついたように追い立てられて今日に至りました次第です。改めて策略の美妙さんとブルドーザーの佐々木隆友さんに深甚の謝意を表します。

この出版された一冊の本が、ニートや引きこもり状態で悩んでおられるご本人やご家族の方のみならず、様々な問題を抱えて悩み苦しんでおられる方の解決の糸口になれば、これに過ぎたる喜びはありません。私自身を含めて、与えられた境遇は自分自身のものです。それは神仏が特別プログラムとしてその境遇環境を通して自分らしく成長し社会のために尽くせよ、と修行の場を与えて下さっているものと思っています。

厳しい環境を与えられるのは、その難問を克服するだけの力量が与えられてあるからです。もしその難関を突破するだけのパワーがなければ潰れてしまいますが、慈悲の神仏は分相応に課題を与えてくれていますので素直に取り組みさえすれば必ず難問突破できます。そしてまたレベルアップした難問を与えられるでしょう。人はそうしながら成長していくのです。

また道場には様々なご縁で様々な方が訪れて下さいますが、ご本人に「道場で生活したい」という素直な気持ちさえあれば、喜んでお迎えします。道場で一生を終えていいのです。残った仲間が全員で看取り見送ってくれるでしょう。そして必ず命日には全員が供養の読経をしてくれるでしょう。それが出来るのはお寺だから、喝破道場だからです。

生前の保障のみならず死後の保障が読経という供養を通してできるのは「寺」だからです。今までのお寺は「死」を中心とした関わりでしたが、人生は四苦《しく》（生老病死《しょうろうびょうし》）の世界ですので残りの「生老病」に関わらなければ完結にはなりません。生老病死をそのまま受け入れられる空間づくりを道場は目指しているのです。そしてそのシステムが出来上がれば、多くのお寺で実践してほしいのです。二十一世紀の寺院が寺院として生き残る手段の一つだと思っています。

道場草創から三十五年を迎えようとしている大きな節目に、大法輪閣よりこの一冊の本が出版できますことを心より感謝申し上げますとともに、佐々木さんを初め大法輪閣の皆々様、そして美妙さんに深甚の謝意を表します。

平成二十年春　彼岸会の中日に

喝破道場　大燈　九拝

野田　大燈（のだ・だいとう）

1946年（昭和21）香川県高松市生まれ。香川県立高松南高等学校定時制卒業。1974年栗田大俊老師について出家得度、無一文からの禅道場建立を決意。1975年宗教法人「報四恩精舎」を設立し住職に就任。1978年坐禅道場完成、その頃より登校拒否児童等の受け入れを開始。1984年財団法人「喝破道場」を設立し理事長に就任。1993年社会福祉法人「四恩の里」設立、1994年情緒障害児短期治療施設「若竹学園」開園。2001年曹洞宗大本山總持寺後堂に就任（2006年まで）。2002年曹洞宗師家に補任。2006年より喝破道場のニート・引きこもり受け入れが厚生労働省の正式な委託実施事業「若者自立塾」となり、塾長に就任。1989年第13回正力松太郎賞受賞、同年キワニス社会公益賞受賞。2008年第42回仏教伝道文化賞受賞。
著書に『みどりの中の禅道場』（EH春潮社）、『いちばん大切なこと』（ビジネス社）、『続ほっとする禅語70』（共著、二玄社）等がある。

「喝破道場」ホームページ
http://www.kappa.or.jp

子どもを変える禅道場—ニート・不登校児のために

平成20年 5月10日　第1刷発行 ©

著　者　野　田　大　燈
発行人　石　原　大　道
印刷所　三協美術印刷株式会社
製　本　株式会社　越後堂製本
発行所　有限会社　大法輪閣
東京都渋谷区東2−5−36　大泉ビル2F
TEL　(03) 5466-1401(代表)
振替　00130-8-19番

ISBN978-4-8046-1269-0　C0015　Printed in Japan